LLYFR BACH
Paris
LARA CATRIN

D1434212

Cyhoeddwyd yn 2016 gan Wasg y Bwthyn, Lôn Ddewi, Caernarfon LL55 1ER

ISBN 978-1-907424-89-2

Cyhoeddwyd gyda chymorth ariannol Cyngor Llyfrau Cymru.

Lluniau ©2016 Lara Catrin – Tudalen: 1 (llun bach), 4, 5, 6, 19, 34, 36, 50, 53, 55, 57, 58, 59, 63 (bach), 65, 66, 67, 68, 69, 71, 72, 75, 76, 77, 79, 80, 95, 96, 97, 102, 104, 113, 115, 116, 126, 128, 129, 130 (llun y grisiau'n unig), 132, (y llun isaf), 134, 140, 142, 150, 153, 154, 155, 156, 159, 161, 162, 167, 172, 173, 174, 178, 181, 182, 183, 184 (y pedwar llun cyntaf).

Mapiau'r Arrondissements © Beca Fflur. Easton Press: 34. Telor Gwyn, llun Au Chat Noir: 154

Lluniau ©2016 Dylan Williams – Tudalen: 1 (llun mawr), 3, 8, 10, 11, 12, 13, 14, 15, 16, 23, 24, 26, 28, 29, 30, 31, 33, 37, 38, 39, 40, 41, 42, 43, 44, 46, 47, 48, 49, 52, 63 (mawr), 64, 81, 83, 84, 86, 87, 88, 89, 90, 91, 92, 99, 101, 105, 106, 107, 109, 110, 112, 118, 119, 120, 122, 123, 125, 127, 130 (ac eithrio'r grisiau), 132 (y ddau uchaf), 133, 135, 136, 137, 139, 141, 145, 146, 147, 149, 163, 164, 169, 171, 175, 176, 177, 179 (isod), 184 (y llun olaf/dyddiadur).

Wikimedia Commons: 56 (André Adolphe-Eugène Disdéri), 95 LPLT/Wikimedia Commons, 124 "Persia by a Persian: being personal experiences, manners, customs, habits, religious and social life in Persia", awdur: Isaac Adams. Cyhoeddwyd gan E. Stock, 1906, 135 Béa yn Wikipedia Ffrengig, 144, 152, 160, 166 Jgp1723, 170 Roland Godefroy, 179 Trailer screenshot *Casablanca*, 180 James Joyce gan Alex Ehrenzweig, 1915.

Pour Madame Philippe

Que nous ayons
tous votre jeunesse dans nos âmes,
et votre gentillesse dans nos coeurs.

Diolchiadau

Jini, Mori, Beth, Julia, Josh T, Gabriel,
Agathe, Caroline, Charles, Kate a
Sylvain, Virginie, Alain, Rose a Louise,
Geraint, Natasha, Antoine, Alexandra,
Vadim, Nia, Geoffrey, Gabriel G, Steff,
Alice, Chris, Peter Brown a Burundi
Brown, Hailey, Josh, Al, Nain a Taid
Licswm, Pawb na'th ddarllan y blog,
Sian am y cic yn din, Marred am
dy ffydd a brwdfrydedd, Dylan am
dy greadigrwydd, Huw Meirion am
olygu'r copi, Becs a Har am
neud fi chwerthin dros skype,
Llin Jin am y parsals a'r holl
gefnogaeth, John am y shed fwya
ymeising yn y byd (diolch fwy na
neb i chi'ch dau), ac i chdi, am
neud fi symud ffwr'.

Caru chi gyd
x

Bonjour mes amis!

Nid llyfr taith ydi hwn, na hunangofiant chwaith (dwi braidd yn rhy ifanc i sgwennu un o'r rheini!), ond llyfr sy'n ceisio crisialu'r profiad o fod yn ddieithryn mewn dinas eiconig. Ac am brofiad! Profiad fydd yn aros efo fi am byth.

Mae Paris wedi bod yn y newyddion ledled y byd yn ddiweddar, ond nid dyma'r Paris dwi'n ei hadnabod. Fy Mharis i fydda i'n ceisio ei rhannu efo chi yn y llyfr hwn. Dwi am wneud hynny trwy eich tywys ar daith caffis o amgylch prifddinas Ffrainc. Dwi'n gobeithio mai pennod fer yn hanes Paris fydd yr ymosodiadau terfysgol a'r tensiynau diweddar. Dwi'n gobeithio y cawn ni yfed a rwdlan am oria mewn caffis ar draws y brifddinas unwaith eto – chwerthin ar ddim, a rhoi'r byd yn ei le. Dwi'n gobeithio y cawn ni i gyd ddawnsio yn y glaw.

Lara
x

llond
gwlad o
eiriau
trwsgwl
oedd

yn
ca'l eu
gwnïo

hefo'i
gilydd
hefo gwên
oedd

yn ymbil
'Plis
helpwch
fi'.

Mae sut yr ydach chi'n gafael mewn cwpan yn bwysig.

CAFÉ 1

Le Murmure

Coffi – 2€40
Bordeaux – 4€50
Charcuterie – 8€
108 Rue de la Convention
Metro – Boucicaut
Arrondissement – 15ème
Yn yr ardal – Parc André Citroën, Canolfan siopa Beaugrenelle

Dwi'n ama mai yma, ar groesffordd Boucicaut, rhwng horwth strydoedd Rue de la Convention ac Avenue Félix-Faure, 'nes i ista lawr i sgwennu rhwbath am y tro cynta. Sgwennu rhwbath oedd ddim yn e-bost at rywun oedd byth yn mynd i ateb, nac yn neges Facebook ddibwynt. Yma, yng nghaffi Le Murmure 'nes i drio bod yn Sylvia Plath ac yn Anne Sexton am y tro cynta. Pwyslais ar y trio. Yn ugain mlwydd oed, er i mi ddyheu am ga'l ista mewn caffis ar fy mhen fy hun, yn gwylio'r byd yn mynd drwy'i betha, do'n i ddim cweit yn ddigon cyfforddus hefo fi'n hun i 'neud hynny. I ista hefo fy nglasiad o goch, yn gneud dim byd o *gwbl*. Felly, 'nes i sgwennu rhyw frawddeg . . . a'i dileu, ac yna daeth fy hen arferiad gwael o roi'r ffidil ym mhob to i

9

rym. Diflannodd fy mysidd o'r llythrenna bach o 'mlaen at y Bordeaux wrth fy ochr a dechra cyfri. Cyfri faint o amsar roedd hi'n ei gymryd i oleuada'r groesffordd newid lliw . . . 'Un hipapotamys, dau hipapotamys . . .' fel roedd Mrs Griffiths wedi'n dysgu ni i gyfri eiliada'n *gywir* pan oeddan ni'n blant. Ma'r goleuada'n newid bob 30 eiliad. Ffaith i chi.

Dwi'n cofio'n union be 'nes i sgwennu wedyn, ar ôl cadarnhau bod fy null cyfri eiliada'n fathemategol gywir. Mae o wedi'i safio o dan *'Wbath'* ar fy nghyfrifiadur:

A grotesquely fat woman, dressed in a beige mack and pleated white skirt, cut just underneath the knees, baring her lumpy stumps to the world, crossed during a green light. A car screeched to a halt, honking its horn at her as she stopped and turned to look at the driver. I imagined her face, boldly giving him a look that sniggered, 'What you gonna do? Run me over?' The honking ceased and the woman shuffled, taking her time to reach the other side. The man drove off, in a huff, I suspect.

Dwi'n gweld yr hen ddynas yn aml wrth i mi ista yn fy nghongl fach dywyll o dan y gwresogydd yn Le Murmure. Fydda i'n pendroni lle mae hi 'di bod ac i le mae hi'n mynd. Pwy ydi hi a be 'di'i hanes hi? Mae'n anodd dyfalu oed merchaid Ffrengig – p'run a ydyn nhw'n dlawd neu jest yn sgryffi. Dwi'n cofio ista mewn bwyty hefo cwpl o ffrindia un noson. Pawb yn gwirioni ar fwyd Morocaidd, a'n ffrind i, Anna, allan o nunlla, yn troi ata i a deud:

'Ma'n rhyfadd sut ma merchaid Ffrainc yn mynd i edrach yn hen ac yn hyll unwaith maen nhw dros 'u 40s, 'dydi?' wrth gyfeirio at y ddwy ferch oedd yn ista wrth y bwr' gyferbyn â ni.

'Be ti'n feddwl?' medda fi.

'Wel, sbia ar y ferch ifanc 'na. Ei mam hi 'di honna hefo hi, ma siŵr, 'de? Sbia hen a hyll 'di, ond sbia del 'di'r ferch. ('Nes i sbio, ac oedd, mi oedd hi'n stynar.) 'Sut uffar 'nath *honna* greu *honna*? Ma raid bod y tad yn uffar o foi golygus.'

Ella nad oedd Anna ddim wedi'i eirio fo yn y ffor' neisia, ond mi oedd ganddi bwynt. Mi aeth y sgwrs yn ei blaen i sôn am genhedloedd erill: Ffrancwyr ac Eidalwyr yn rhoi'r gora i falio am eu golwg; y Tsieinïaid yn heneiddio'n dda yn ôl Anna; a ni'r Cymry jest yn byta

gormod o Welsh cakes i ga'l ein rhoi mewn unrhyw fath o gategori 'golygus'. Bitsh.

Ond, o ran y merchaid Ffrengig hŷn dwi 'di dod ar eu traws, *mae* 'na wahaniaetha. Dydyn nhw ddim i gyd yn troi'n wrachod unwaith maen nhw'n cyrraedd eu pedwar deg, yn amlwg. Mae rhai'n parhau i fod yn berffaith, a'r lleill fatha tasan nhw'm yn malio mwyach. Eu trwsus caprî yn ca'l ei newid am sgert laes hefo'r elasticated waist hanfodol. Eu gwallt yn ca'l ei dorri yn rhyw nyth sych grimp ar eu pennau. Y rhan fwya ohonyn nhw ddim yn trafferthu hefo bra a'r bolia'n dechra llenwi. Maen nhw'n ildio i'r gelfyddyd gain Ffrengig o fyta'n dda.

Does 'na fawr i'w weld o fy mwr' bach crwn yng nghongl terrasse Le Murmure. Dau gaffi arall. Dau fanc. A 'na ni. Mae Le Murmure ar groesffordd brysur sy'n eich gwahodd chi i ddilyn eich trwyna at dŵr Montparnasse i'r dwyrain, neu at M&S yn Beaugrenelle i'r gorllewin (neu Moche-grenelle – Grenelle hyll – fel mae brodorion y 15ème yn ei alw). Neu, os cerddwch chi mewn llinell berffaith syth i'r gogledd am ryw bymtheg munud, mi gyrhaeddwch chi'r Tour Eiffel. Ar ôl dwy flynedd o fyw yma, 'sgen i dal ddim clem be sy' i'r de.

'Di'r caffi ei hun ddim hyd yn

Mor ddiymdrech!

oed yn ddel. Mae o'n rhyw gymysgedd o'r terrasse traddodiadol Ffrengig 'na welwch chi mewn ffilmiau ac ar flaen cardia post, ond â rhyw steil fodern, galed iddo. Cefn pob cadair wedi ei wehyddu o blastig gloyw, du sy'n llosgi'n wyn yn yr haul. Popeth wedi ei beintio'n ddu a bêj, efo goleuada syml, art deco rhwng pob ffenest. Mae pawb yn gofyn i mi pam fod y caffi yma ar dop y rhestr o'n hoff gaffis i ym Mharis. Am mai yma 'nes i'n ffrind cynta ym Mharis? Am mai yma 'nes i ddechra sgwennu? Am mai yma 'nes i lwyddo i yfed coffi du, di-siwgr am y tro cynta?

Chlywodd neb erioed am Boucicaut!

Na. Am ei bod hi'n cymryd 326 o gamau i fi gerdded o'n fflat i fy mwr' arferol yn Le Murmure. O bosib 306, ond 'mod i'n gwisgo sgert laes, dynn ar y diwrnod 'nes i gyfri, ac mi o'n i'n cerdded fatha rhyw Geisha bach. Dyma'r caffi agosa i'r fflat, a'r caffi sy' drws nesa i'r metro agosa, Boucicaut. Yn syml, dyma fy hoff gaffi oherwydd fy mod i'n ddiog.

Mi ddudodd ffrind wrtha i chydig yn ôl mai entrepreneur oedd Mr Boucicaut, ac mai ar ei ôl o mae fy ngorsaf metro wedi ei henwi. Bw-si-co, nid Bw-ci-co fel yr awgrymodd ffrind 'nôl yng Nghymru cyn i mi symud yma. Dyn busnes go iawn oedd Mr Boucicaut, a ehangodd

Le Bon Marché, rhyw fath o Harrods Ffrengig, 'nôl yn 1852, ac felly, y dyn dwi'n ei feio am fy ngneud i'n sgint. Mae 'na sôn mai Mr Boucicaut oedd y dyn cynta i gyflwyno'r syniad o siop adrannol, a hefyd y dyn feddyliodd am y syniad o lyfra sticeri i blant. Ffwc o foi. Ond er hyn i gyd, pan mae pobl yn gofyn i fi, 'Lle wyt ti?', sy'n cyfieithu i 'Be ydi dy fetro agosa di?', pur anaml mae pobl yn gwbod am fodolaeth 'rhen fetro Boucicaut.

Cyfrinach fach dawel ydi Le Murmure felly, ac yma y des i'n fy wythnos gynta, i bendroni be ddiawl o'n i'n da yma, yng nghanol yr holl Ffrancwyr siarp, di-wên, digymeriad. Roedd hi'n braf meddwl 'mod i'r unig Gymraes o gwmpas. Nabod neb! A do'n i'm wir isio dod i nabod neb chwaith. Mi o'n i'n berffaith hapus yn ca'l bod ar fy mhen fy hun. 'Diolch am fod ar goll,' fel y dywedodd TH, Cymro arall fuodd yn byw yma ym Mharis. A TH ydi o i mi erbyn hyn, ddim T. H. Parry-Williams. 'Rhen TH, 'de, y Cymro bach 'na dwi rŵan yn rhannu hanes hefo fo, gan ein bod ni 'di byw yn yr un ddinas â'n gilydd . . . neu dyna fydda i'n licio meddwl. Dwi'n cofio treulio tridia cyfa yn ymchwilio i'w gyfnod yn y Sorbonne, yn ffonio llyfrgelloedd yn fy Ffrangeg tila, yn dechra pob sgwrs hefo 'Parlez-vous anglais?' Ond welais i 'rioed dystiolaeth fod TH wedi byw yma . . .

Do'n i ddim wir yn siarad Ffrangeg pan symudais i Baris. Ffrangeg TGAU oedd gen i, yn llond gwlad o eiriau trwsgwl oedd yn ca'l eu gwnïo hefo'i gilydd hefo gwên oedd yn ymbil 'Plis helpwch fi'. Mi ddysgais i lot fawr o betha yn yr wythnosa cynta na chawson nhw 'rioed eu trafod yn fy nghwrs TGAU. Petha fatha bod gan y Ffrancwyr 'chi' (vous) a 'chdi' (tu), yn union fel yn y Gymraeg, a mwy neu lai'r un rheola wrth eu defnyddio. Do'n i ddim hyd yn oed yn gwbod fod modd gofyn 's'il te plaît', yn hytrach na 's'il vous plaît' tan i mi symud yma. O'n i'n galw plant tair blwydd oed yn 'chi' am fisoedd.

Dwi'n cofio un digwyddiad yn ystod fy wythnosa cynta, pan es i mewn i siop goffi arall ar gongl fy stryd. Un o'r siopau Americanaidd têc-awe 'ma, lle mae'n rhaid i chi 'neud eich ordor, ac yna deud eich enw iddo ga'l ei sgwennu ar y gwpan. Roedd hi'n gynnar, a hwn oedd coffi cynta'r dydd . . . a dwi *ddim* yn berson bora. Mi ofynnodd y dyn bach i mi be o'n i isio, finna'n gofyn am fy soya-caramel-latte arferol, ac yna mi rois i fy enw. Mi chwarddodd pawb yn y siop. Pobl yn y ciw tu ôl i mi'n pwffian, y dyn bach oedd yn fy syrfio i'n methu siarad. Oedd Lara yn enw mor anghyffredin â hynny ym Mharis? Be 'nes i o'i le? Mi 'nes i droi i'r Saesneg ac

Ydi fy enw mor od â hynny?

yn rhyfeddol o swil, gofyn 'Sorry, what?' Mi esboniodd ei fod wedi gofyn i mi o'n i isio unrhyw beth arall hefo 'nghoffi, ac mi ddudais i, yn bendant, 'Oes – Lara'. O'n i'n amlwg angen y coffi'r bora hwnnw.

Be sy'n gneud y caffi yma mor arbennig?

Fysach chi byth yn gweld Ffrancwr go iawn yn yfed coffi têc-awê ar y metro. Mae 'na ryw fud-reol bod coffi'n bleser, ac felly ei bod yn rhaid i chi gymryd eich amsar i'w yfed.

Maen nhw'n credu bod yfed coffi llefrith (latte, cappuccino a.y.b.) yn chwalu'r stumog os ydach chi'n ei yfed ar frys. Felly, 'mond espressos welwch chi nhw'n yfed ran amla, er eu bod nhw'n dal i dreulio oria'n eu hyfed. Mi gymerodd hi fisoedd i mi sylweddoli be oedd espresso hefyd. Finna'n meddwl mai dim ond coffi bach oedd o, heb ddallt mai coffi bach *andros o gry'* oedd espresso. Ro'n i'n rhyfeddu 'mod i'n methu cysgu ac yn deud wrth fy ffrindia 'mod i 'mond 'di ca'l pedwar o'r coffis bach 'na. Erbyn hyn, dwi'n un o'r clichés 'na sy'n deud ei bod hi'n methu dod ati'i hun yn iawn yn y bora tan o leia'r trydydd coffi, ond doedd hyn ddim wastad yn wir. Yfed coffis drwy ryw grych-wên anghyfforddus 'nes i, ar ôl ei lwytho â tua chwech siwgr, am y misoedd cynta. A chyn hynny, fuodd coffi 'rioed yn agos at fy ngheg. Roedd o'n un o'r petha ar y rhestr hirfaith o newidiadau ro'n i'n addo eu gneud pan symudais i yma: dwi am ddysgu fy nhafod i hoffi coffi.

Dydi hi ddim yn anghyffredin i chi orfod aros dipyn go lew o amsar cyn i chi gael ordro eich coffi. Dyna sut ges i fy ffrae gynta hefo Ffrancwr (a do'n i'm hyd yn oed yn nabod hwn!). Mi o'n i newydd fod yn fy ngwers Ffrangeg gynta, ac yn trîtio'n hun i goffi a croissant. Mi steddais i lawr ac estyn y twmpath cardia post ro'n i wedi eu prynu i'w hanfon 'nôl i Gymru. Wir i chi, mi o'n i wedi gorffen sgwennu tri chardyn post, 'di llyfu tri stamp a bob dim, a doedd y waiter yn dal ddim wedi dod ata i. Es i mewn i'r caffi, ordro wrth y bar, ca'l fy nghoffi a 'nghroissant (ew, mae'n anodd treiglo croissant) a'u cario nhw allan at fy nhwmpath o gardia post.

Doedd bocha 'mhen-ôl i ddim wedi cyffwrdd y sêt bren cyn i'r waiter benderfynu, o'r diwedd, ei fod o isio gweithio, a dyma fo'n gweiddi rhwbath arna i.

'Pardon?' medda fi.

'ibvvu4924f2kw#2Ox,' medda fo.

Roedd ffrind i mi, digwydd bod, wedi dysgu tric i mi'r diwrnod cynt: os dwyt ti'm yn gwbod be i'w ddeud jest duda 'Ben, parce que.' Sy' basically yn golygu 'Achos'.

O edrych yn ôl, doedd deud 'because' ddim yr ateb gora i'w roi pan oedd hen Ffrancwr bach blin newydd ofyn i mi be ddiawl o'n i'n 'neud yn mynd yn erbyn cyfraith a threfn sanctaidd Ffrainc. Mi aeth yn honco, a sbio arna i fel taswn i newydd alw ei fam o'n bob enw dan haul, a finna fatha rhyw fwni bach ddim yn gwbod be ddiawl oedd yn mynd 'mlaen.

Ond, er i'r holl betha coffi-têc-awe-a-waiter-bach-blin fod â lle amlwg ar fy rhestr o *faux-pas* ieithyddol, dwi'n ama fod yr isafbwynt ieithyddol wedi digwydd dros gyfnod o tua deufis. Mi gyrhaeddais i Baris ar ddiwrnod chwilboeth o Fedi, ac mi d'wynnodd yr haul tan ddiwedd Hydref, a minna'n ca'l trafferth gneud defnydd o'r holl ddillad gaea ro'n i wedi'u pacio. Ro'n i'n deud wrth bawb, 'Oh, je suis chaude. Je suis chaude,' sy'n cyfieithu'n llythrennol i 'Dwi'n boeth'. Roedd hi'n ddiwedd Hydref, a finna'n chwys doman yn y gwaith un diwrnod, pan ddarganfyddais i nad 'Je suis chaude' oedd y ffor' gywir o gyhoeddi 'mod i'n teimlo'r gwres.

Ar ôl i mi egluro unwaith eto 'mod i'n boeth hefo'r frawddeg oedd wedi dod yn rhan allweddol o fy sgwrs Ffrangeg dila i, daeth Édith (Edit), cyd-weithwraig i mi, ata i a deud yn ei hacen hyfryd,

'Oh no, Lara. We do not zay that. Je suis chaude meanz zat your lady bits are 'appy.'

'What?!' medda finna, ddim yn siŵr oedd ei Saesneg *hi* mor wael â'n Ffrangeg *i*.

'It meanz zat you are 'orny,' atebodd hitha.

Mi o'n i 'di bod yn mynd o gwmpas yn deud wrth bawb a'i nain, yn y swyddfa bost, wrth gleientiaid yn fy ngwaith, wrth gymdogion newydd, am bron i ddeufis, 'mod i'n horni.

Do'n i ddim, wrth gwrs, a buan iawn y des i wbod y gwahaniaeth rhwng 'Je suis chaude' a 'J'ai chaud'. Ond bosib bod yr isymwybod yn trio deud rhwbath wrtha i, gan 'mod i yng nghanol yr holl ddynion Ffrengig hudolus 'ma, oedd yn gneud i 'mhelvic floor i ryw dwitshio bob yn ail air. Yr eiliad hon dwi'n ista drws nesa i un o'r Ffrancwyr 'ma. Desert boots swed am ei draed, smôc rhwng ei wefusau, a'r wên hyfryd 'ma. Mae ganddo hefyd rwbath sy' wedi dod i'r amlwg i mi yma ym Mharis – rhwbath mae rhai'n ei alw'n 'farf-tri-diwrnod'. Dwi'n licio pob math o flewiach gwyneb, boed o'n farf Siôn Corn neu'n rhyw stybl bach bora wedyn sy'n eich atgoffa chi ei fod o heb ga'l amsar i siafio, neu fod 'na'm rasal acw . . . Ho, ho, ho!

Mae barfs . . . beirf . . . barfau, beth bynnag, wedi dod yn ffasiynol iawn dros y blynyddoedd diwetha, a fedra i yn bersonol ddim cwyno gan 'mod i'n hoffi dim byd yn fwy na rhyw gwmwl o flew bras yn cosi 'ngwyneb i . . . neu 'mond i edrych arno, wrth gwrs. Dwi'n caru barfs. Ffwl stop. Ond mae Paris yn rhwyfo'i chwch ei hun pan mae hi'n dod i fyd y farf. Fel y soniais ynghynt, dyma fyd y 'barf-tri-diwrnod'. Mae'n rhannu'r un meddylfryd ag sy' gan ferchaid am 'bed-head', ond bod dynion yn ei wisgo fo ar eu gwyneba. Mae'n deud wrthach chi, *'Naddo, dwi heb siafio heddiw, achos ches i'm amsar. Achos o'n i rhy brysur yn gneud yoga noeth i siafio'.* O feddwl mwy am y 'barf-tridiwrnod', mae o hefyd, yn ôl y sôn, yn llai poenus i wyneba dynion na siafio bob bora, ond well gen i'r syniad cynta.

Mae'r bêb-o-foi wrth fy ochr newydd droi rownd i edrych arna i wrth gerdded i ffwr'. Wela i byth mohono eto. Dwi'n diawlio 'mod i heb siarad hefo fo. Ella mai fo oedd *yr un?* Pfft! Ond mae Paris yn gneud hyn i chdi. Gneud i chdi ddisgyn mewn cariad ar un edrychiad. Mae Paris yn rhoi'r rhyddid i chdi fod yn druenus o ramantus, heb fod yn ormod o cliché, a rhoi'r gobaith yna mewn cariad, 'dydi? Neu dyna mae'r Parisians isio i chdi feddwl.

O dreulio mwy a mwy o amsar ym Mharis, ti'n dod i sylweddoli, neu bendroni ella, ydi hi wir yn haeddu teitl y ddinas fwya rhamantus yn y byd. Dwi'n cofio meddwl yn ystod fy niwrnoda cynta: lle mae'r hud a'r Paris dwi wastad wedi breuddwydio amdani? Mae'r sylweddoliad dy fod di'n byw yno yn dinoethi'r ddinas o unrhyw ragsyniad s'gen ti. Ti'n gweld y cachu ci a'r sbwriel; teimlo c'nesrwydd llygredd y ceir i gyd ar dy goesa. Does 'na neb yn gwisgo berets, ac mae'r caws yn afiach o ddrud. Ti'n gorfod sylweddoli nad blydi Amélie wyt ti.

Ond mi ddo i'n ôl i Le Murmure 'run amsar yn union fory, jest rhag ofn i'r boi 'na fod yma. Fydd o ddim, ond fydd gen i wastad yr eiliad 'na rhyngdda fi a fo, bydd? Yr edrychiad 'na. Pathetig, 'de? Ond dyna pam 'nes i symud i Baris . . . fedra i *drio* bod yn Amélie, medra?

ARRONDISSEMENTS

Mae Paris wedi ei rhannu yn ugain arrondissement. Maen nhw'n ardaloedd eitha tebyg i'r cynghora lleol 'dach chi'n eu ca'l yn y rhan fwya o ddinasoedd mawr y byd, ac mae'r rheola a'r cyfreithia'n amrywio o arrondissement i arrondissement. Mae'r arrondissements wedi eu trefnu mewn sbeiral yr un ffor' â'r cloc, gan ddechra reit yng nghanol y ddinas.

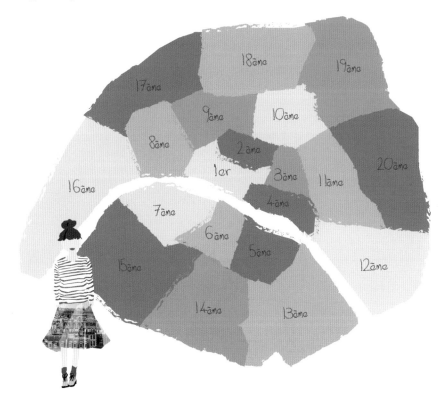

Mae pob cod post ym Mharis yn dechra hefo 750, ac yna mae 'na ddau rif (01, 09, 17 etc.) ar ei ôl i ddynodi'r arrondissement. Yn Ffrangeg, mae 1af, 2il a.y.b., yn ca'l eu sgwennu fel 1er, 2ème. Mae dwy ochr y Seine hefyd yn ca'l eu galw'n Rive Gauche a Rive Droite (sef yr ochr chwith a'r ochr dde i'r afon).

1er – Dyma ganolbwynt Paris i'r twristiaid. Y Louvre, Gardd y Tuileries, Rue de Rivoli a'i siopau, Place de la Concorde ac yn y blaen. Mae'n ardal hanesyddol hyfryd.

2ème – Dyma arrondissement lleiaf y ddinas, ond peidiwch â meddwl mai dyma'r lle lleia pwysig i'w weld. Fan hyn mae un o'n hoff ardaloedd i, sef Sentier. Dwi'n arbennig o hoff o Rue Montmartre, sy'n llawn caffis cŵl, a phobl hollol trendi.

3ème a'r 4ème – Dyma Le Marais – yn bendant fy hoff ardal o'r ddinas. Mae'n llawn siopau cynllunwyr dillad annibynnol, orielau cŵl, a chaffis di-ben-draw. Mae'n ca'l ei chysidro'n ardal ddrud, ond os gwyddoch chi lle 'dach chi'n mynd, 'dach chi'n iawn. Dyma ardal Iddewig y ddinas, ond dyma hefyd fersiwn Paris o Soho. Os cewch chi fyth gyfle i fynd ar y PRIDE parade yma, chewch chi mo'ch siomi.

5ème – Y Quartier Latin (Latin Quarter) ydi'r enw mwya cyffredin a ddefnyddir am y 5ed arrondissement. Dyma lle mae strydoedd cul, coblog, yn ca'l eu troedio gan fwyafrif myfyrwyr Paris, yn arbennig Rue Mouffetard – stryd fues i'n ei throedio ambell waith am dri y pnawn, a thri y bora.

11ème: HOLLOL cŵl

6ème – Ardal enwog Saint-Germain-des-Prés sy'n afiach o ddrud, ond yn grêt i wylio pobl. Dyma lle mae rhywun yn profi gwir ysbryd y Rive Gauche, lle mae hen Parisians y bourgeoisie i gyd yn byw.

7ème – Gan fod fy arrondissement i'n ffinio hefo'r arrondissement yma, mi fydda i'n aml yn deud celwydd mai yma dwi'n byw. Dyma'r ardal mae'r Tour Eiffel yn taflu ei gysgod drosti. Ydi, mae'n dawel yma, ond mae'n ardal lle gwelwch chi'r Parisians go iawn yn byw eu bywydau.

8ème – Yr ardal wnes i fentro iddi leia. Drud, drud, drud. Does 'na ddim cymeriad go iawn yma, 'mond pres. Grêt i'r rheini sy' ag ambell fil o bunnau (neu ewros!) i'w gwario ar ddeuddydd o 'neud dim, ond nid i ferch fach dlawd fel fi.

9ème a'r 10ème – Dyma ddwy ardal hollol cŵl, ond 'sgen i hyd heddiw ddim syniad lle mae ffinia'r ddau arrondissement. Yma mae'r rhan fwya o'r Canal Saint-Martin, ond mae yma hefyd

ardaloedd eitha amheus i fentro iddyn nhw gyda'r nos ar eich pen eich hunain. Byddwch yn ofalus.

Cafodd fy ffôn ei ddwyn yma – dwywaith!

11ème – Ardal arall sy'n andros o cŵl, yn llawn dive-bars a hipster-hangouts, ond yn union fel y ddau uchod, pwyll pia hi. Os ydych chi'n gwyro oddi ar y strydoedd prysur, mi all hwn fod yn arrondissement eitha tywyll.

12ème – Am ryw reswm, 'nes i 'rioed g'nesu at yr ardal yma, ond dyma ardal oedd, ar yr adega prin fues i yno, yn llawn bwrlwm a bywyd. Mae metro Bastille yng nghanol y 12fed, ac mae'n hunlle trio dallt pa exit 'dach chi'i angen, felly mi fyswn i'n argymell eich bod chi'n ei osgoi.

13ème – Ardal Chinatown sy'n grêt i'w chrwydro, ond ddim wir â'r un swyn ag sy' gan weddill Paris. Mae Butte-aux-Cailles yn eithriad – ardal oedd yn un o chwareli Paris flynyddoedd yn ôl, ond sy' bellach wedi ei thrawsnewid i fod yn ardal â rhyw naws bentrefol iddi.

14ème – Dyma gartref tŵr Montparnasse, sef yr unig adeilad high-rise ym Mharis. Does 'na'm llawer i'w 'neud yma, ac mae'n ardal lawn fflatiau a thai.

15ème – Dwi'n hollol ragfarnllyd, gan mai yn y pymthegfed dwi'n byw. Mae ganddo enw drwg am fod yn ardal ddiflas, ond hefo'r holl barciau, marchnadoedd, a strydoedd bendigedig sy' byth yn ca'l eu darganfod gan y twristiaid, mae'n gyfrinach fach dwi'n gyndyn o'i rhannu . . .

16ème – Er ei bod hi'n ardal sy'n ffinio hefo'r arrondissement dwi'n byw ynddo, yr unig dro es i yno'n fwriadol oedd i ga'l llenwad gan y deintydd. 'Sdim angen deud mwy.

17ème – Ardal sy'n boblogaidd iawn hefo'r Bobos ifanc a'u plant (gweler pennod La Palette am ddiffiniad o 'Bobos'). Ardal sy'n llawn artistiaid ac awduron, parciau di-ben-draw, a marchnadoedd enwoca Paris.

18ème – Cartref Montmartre sy'n fendigedig yn ystod y dydd ond ddim mor hyfryd gyda'r nos. Cafodd fy ffôn i ei ddwyn yma . . . ddwywaith. Ond os 'newch chi adael eich ffôn adra, 'dach chi'n siŵr o ga'l noson ffab!

19ème a'r 20ème – Fedra i ddim deud y gwahaniaeth rhwng y ddau arrondissement yma chwaith. Mae gen i lot fawr o ffrindia sy'n byw yma, ond gan i rywun ddeud wrtha i unwaith fod puteiniaid yn bla yma, fues i'n gyndyn iawn o grwydro'r ardal.

Gweinydd gwalltiog L'Éclair. Gweinydd sy'n gwenu!

CAFÉ 2

L'ÉCLAIR

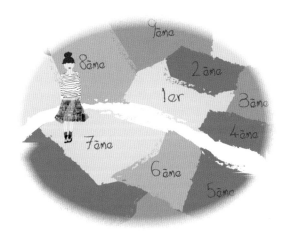

Coffi – 3€50
Bordeaux – 6€
Charcuterie – 19€
32 Rue Cler
Metro – École Militaire
Arrondissement – 7ème
Yn yr ardal – Y Tour Eiffel, École Militaire, Champ de Mars

M ae caffi L'Éclair yng nghysgod y twr yn y 7fed arrondissement, ac yn boblogaidd iawn hefo twristiaid sy' 'di gneud eu gwaith ymchwil. Mae'n gaffi sy'n denu cymysgedd eang o bobl leol hefyd: o grwpiau o ffrindia yn eu hugeinia cynnar, sy'n dod i roi'r byd yn ei le, i weithwyr proffesiynol sy'n sipian eu mojitos yn yr haul, eu croen porselin yn gweiddi, 'Ma gen i bres i ga'l facial bob dydd Iau', a'u crysau gwyn yn 'y ngneud i'n genfigennus fod gen i fyth esgus i wisgo fel yna. A phobl fel fi: pobl does ganddyn nhw ddim byd gwell i'w 'neud na gwylio pobl erill yn byw eu bywydau.

Pan oeddwn yn blentyn, dwi'n cofio trio dyfalu pa iaith fysa

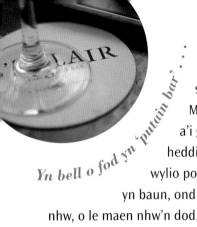

Yn bell o fod yn 'putain bar'

anifeiliaid gwahanol yn ei siarad. Mi fysa jiráff gosgeiddig yn siŵr o fod yn siarad Eidaleg. Mi fysa tsimpansî yn siarad Mandarin, ac yna paun hefo'i bendantrwydd a'i grandrwydd yn siarad Ffrangeg. Erbyn heddiw, mi fydda i'n defnyddio'r un broses wrth wylio pobl. Nid 'mod i'n meddwl fod pob Ffrancwr yn baun, ond mi fydda i'n pendroni be 'di eu swyddi nhw, o le maen nhw'n dod, ac yn y blaen. Mae hi'n broses dwi wedi'i llwyr feistroli erbyn hyn, ac wrth i mi symud i ddinas newydd, lle nad oedd iaith gyffredin rhyngdda i a nifer o'r bobl ro'n i'n eu cyfarfod, roedd hi'n broses gwbl hanfodol.

Dwi'n ama mai fy nos Sadwrn gynta ym Mharis oedd hi, ac roedd ffrind i ffrind i ffrind wedi cytuno i gwrdd â fi mewn bar gan 'mod i'n nabod neb. Mi ddudodd wrtha i mewn sgwrs ffôn fer ein bod ni i gwrdd tu allan i fetro Poissonnière ('fishmonger' yn Saesneg). Do'n i 'mond wedi mentro ar y metro ryw bedair gwaith yn yr wythnos gynta, i'r un fan yn Opéra bob tro ar gyfer fy ngwersi Ffrangeg, felly roedd ffeindio Poissonière yn mynd i fod yn chydig o her.

Dwi'n treulio bron i ddwy awr ar y metro bob dydd erbyn hyn. 14 awr yr wythnos. 56 awr y mis. Mae hynna'n bron i 28 diwrnod bob blwyddyn. Mis cyfa ar y metro! Mae'n lot o amser i'w dreulio mewn twnnel tanddaearol cyfyng, yn ca'l eich taflyd o'r chwith i'r dde rownd pob congl fatha un o'r gemau bach 'na sy'n brefu wrth ga'l ei throi . . . nid 'mod i'n brefu ar y metro. A finna'n hogan bach y wlad, mae'n

rhaid i mi gyfadda nad o'n i ddim yn llwyr gyfforddus ar y metro yn yr wythnosa cynta. 'Di o ddim fel cymryd trên o Fangor i Landudno. Na chwaith fel cymryd bws o Vicky Park i Grangetown yng Nghaerdydd. Dwi'n cofio darllen yn rhwla bod holl awyrgylch gorsafoedd metro'n denu pobl i neidio. Y golau. Y nenfwd isel. Y düwch yn y pellter. Ai dyna ddigwyddodd i Caradog Prichard y pnawn hwnnw yn Llundain? Nid 'disgyn' fel roedd Mati'n honni iddo'i 'neud? Roedd holl awyrgylch y twnnel wir yn gyrru pobl i fentro'u lwc â ffawd. Mi glywch chi storïau

am bobl yn disgyn, a hyd yn oed yn ca'l eu gwthio i'w terfyn gan bobl feddw. Dwi 'rioed wedi ca'l fy nhemtio, na fy ngwthio, ond mae o'n lle sy'n dod â'r düwch allan ohonon ni i gyd, ac yn gneud i ni ofyn, beth petai? Tydi o, o bosib, ddim yn beth call i mi gyfadda, ond mi oedd gen i wastad y gêm fach 'ma ro'n i'n ei chwara os oedd 'na gwpl o funuda gen i cyn i'r trên nesa gyrraedd: mi fyswn i'n cau fy llgada a cherdded tuag at y platfform, gan deimlo'r bymps bach dan fy nhraed, a gweld pa mor bell ro'n i'n cyrraedd heb ddisgyn. Dwi'm yn siŵr pam. Ella fod 'na chwinc yndda inna.

Buan mae rhywun yn dod yn gyfarwydd efo'r metro ym Mharis; mae'n weddol syml. Dwi'n ei gael o'n haws ei ddallt na'r tiwb yn Llundain. Nid 'mod i 'rioed wedi byw yn Llundain, ond yn ystod cyfnod o glyweliadau diddiwedd yn y Big Smoke, mi 'nes i dreulio ambell bnawn ar linellau anghywir yn diawlio fod gen i'm pres i ga'l tacsis.

Mi fedra i, erbyn hyn, roi cyfarwyddiadau o A i B heb edrych ar fap, a gweithio'n ffor' o le i le heb drafferth. Doedd hynny ddim yn wir ar y dechra. Daeth ffrind i mi, Tom, draw yn ystod fy misoedd cynta. Fo oedd fy ngwestai cynta, a 'na i byth ein hanghofio ni'n dau'n ymlwybro i Montmartre ar ôl potel . . . neu dair o win, 'mond i gymryd trên i'r cyfeiriad anghywir. Wrth i ni ddringo'r grisiau i fynd at blatfform a fyddai'n mynd â ni i'r lle cywir, mi 'nes i faglu ar ris, a fflio ffwl-pelt i fyny'r grisiau nes 'mod i'n dynwared un o'r llyffantod 'na sy'n hedfan, a 'nghoesau ar led, yn llawn breichia a gwallt, yng nghanol y Parisians sidêt! Doedd 'na ddim y gallwn i ei 'neud ond gafael yn y ddynas oedd yn dringo'r grisiau o 'mlaen i. Mi rois i dacl rygbi reit dda iddi, un fysa'n athro chwaraeon i'n yr ysgol yn browd ohoni. Mi drodd y ddynas rownd ar ôl i mi ollwng gafael ynddi a rhoi'r edrychiad cwbl Ffrengig hwnnw na chewch chi mohono ond gan Ffrances bigog.

RHEOLA LLYM I'W COFIO AR Y METRO

- Dim gwenu.
- Dim siarad.
- Dan ni i gyd 'di blino, felly does 'na'm angen i neb roi ei sêt i ddynas feichiog neu hen ddyn bach ar faglau.

Mae'n eitha doniol gweld pa mor flin all pobl fynd os nad ydach chi'n cydymffurfio â'r rheola, ac ma'n siŵr mai fy hoff beth i am y metro ydi gwylio'r bobl 'ma. Ro'n i'n siŵr 'mod i 'di ista dros ffor' i Tom Cruise unwaith. Fo oedd o. Bendant. Ar ei ffôn hefo'i asiant yn siarad Almaeneg. A tasa rhywun heb ddwyn fy ffôn i ar y metro chydig wythnosau ynghynt, mi fyswn i wedi tynnu llun . . . Ydi Tom Cruise yn siarad Almaeneg? (Gwglo 'Does Tom Cruise speak German?') Na, 'di o ddim. 'Nes i 'rioed ista dros ffor' i Tom Cruise. Ond mi oedd gweld pobl yn siarad hefo nhw'u hunain, pobl hannar noeth, pobl yn pi-pi, yn eitha arferol. Dwi'n cofio dal y metro adra ryw noson a gweld dyn yn ei gwrcwd, yn rhyddhau bocha'i din, a cha'l dymp yng nghanol y trên! Does 'na'm byd yn mynd i roi braw i fi ar y metro ddim mwy.

Felly, wrth i mi fynd ar goll yn llwyr ar y metro'r nos Sadwrn gynta honno wrth fynd i gwrdd â ffrind i ffrind i ffrind, mi steddais i am lawer hirach na'r angen, yn gwylio pobl. Mi sylwais i ar ddyn ymhlyg yn ei gwman dros y ffor' i mi. Roedd o'n hen, yn ei wythdega'n bendant, a gwên barhaol yn ei llgada. Roedd ganddo bâr o corduroys lliw caramel, a chrys â hoel smwddio rwsut-rwsut arno. Roedd o wedi colli ei wraig, meddyliais, a smwddio simsan y goler yn cadarnhau hynny; roedd o'n codi ei law at ei frest yn aml, ac yn hannar troi'r fodrwy ar ei fys, 'nôl a 'mlaen, fel petai'n trio aildanio amsar. Mi benderfynais ei fod yn gyn-ddarlithydd prifysgol, gan ei fod o'n f'atgoffa i o Taid Licswm. Roedd ganddo'r olwg garismatig 'na oedd yn denu pobl ifanc fel fi. Mi ddaliodd fi'n syllu arno, ac mi blygais i 'mhen i mewn i'r llyfr ro'n i wedi dechra ei gario hefo fi ar y metro, gan mai dyna roedd pawb arall i'w weld yn ei 'neud i ladd amsar drwy'r twneli. Dyna fy arf mewn sefyllfaoedd fel hyn.

Pan symudais i yma, mi o'n i mewn chydig o *phase*. Fel 'rhan fwya o bobl f'oed i, roedd y cyfnoda 'ma'n mynd a dod. Mi fues i'n fegan (fegan gwael iawn 'nath fyta nygets cyw iâr yng nghaffi Pete's Eats yn Llanberis un pnawn pan oedd gen i homar o benmaen-mawr); mi es i drwy gyfnod o wisgo dim byd ond dillad ail-law, a Mam yn deud wrtha i drwy'r amsar 'mod i'n drewi fatha siop elusen. Ond roeddwn yn arbrofi efo cyfnod chydig yn wahanol pan symudais i Baris – cyfnod o arbrofi efo fy ffydd, neu fy nghredoa. Mi 'nes i fwy neu lai droi fy nghefn ar Gristnogaeth ar ôl profiad digon anffodus achos bod gen i fwy o gwestiynau nag yr oedd modd eu hateb, a 'mod i ddim yn teimlo'n barod i ymrwymo i rwbath nad oeddwn i, ac nad ydw i'n dal, ddim yn ei ddallt. Felly, wrth symud i wlad seciwlar, lle nad oes pwysau crefyddol ar unrhyw un fel ro'n i'n ei deimlo yng Nghymru

(doeddwn i ddim wedi ca'l fy nerbyn
yn capal, ac roedd Nain yn dal i ofyn
i mi bob dydd Sul o'n i wedi newid fy
meddwl), mi ddechreuais i edrych i mewn
i Fwdaeth; a llyfr gan y Dalai Lama oedd
gen i'n fy nghôl y diwrnod hwnnw – llyfr
o'r enw *The Art of Happiness*.

Y Dalai Lara!

Wrth i ni agosáu at orsaf Bonne Nouvelle mi
gododd yr hen ddyn, rhoi ei fysidd crychiog ar
feingefn fy llyfr, a'i dynnu lawr i weld fy ngwyneb.

'Be happy,' medda fo gyda'r wên honno ro'n i wedi sylwi
arni'n syth. Roedd o wir yn ddiffuant ei eiriau, fel petai o'n pledio
arna i i fod yn hapus. Mae hi'n foment 'na i fyth ei hanghofio, ac
o bosib bod yr eiliad honno wedi fy nghamarwain, a chamliwio fy
argraff o'r Parisians ar y metro.

Ond, gyda'r eiliad honno'n ffres yn fy ngho', a chwarter awr arall o
deithio ar y metro, mi ddechreuais feddwl sut berson fyddai Nicolas,
y ffrind i ffrind i ffrind. Ac nid Nicholas fel mae'r Saeson yn ei ddeud,
ond 'Nicola'. Ni-co-la, a'r sillafa'n bownsio ar eich tafod. Do'n i'n
gwbod *dim* amdano heblaw bod ganddo'r acen felfedaidd Ffrengig 'ma
oedd yn 'y ngorfodi fi i ga'l rhyw jigl bach ar ôl rhoi'r ffôn i lawr. Roedd
rhaid iddo fod yn olygus; yn alluog, gyda swydd dda, fwy na thebyg
mewn banc, neu yn y byd ariannol mewn rhyw ffor'. Barfog, efo mop
o wallt du; y gwallt 'na sy' jest yn gneud i chdi fod isio rhoi dy fysidd
trwyddo mewn ffor' fysa dy dad wir ddim yn licio gwbod amdani.

34

Felly, wrth i mi gamu i fyny'r grisiau o'r metro, wedi cyrraedd gorsaf Poissonière o'r diwadd, â'r ddelwedd benodol 'ma ohono'n fy mhen, mi welais o'n sefyll yno'n disgwl amdana i . . .

Roedd o'n foel. Damia.

'Lara? Salut. Enchanté.' Plannodd ddwy sws ar fy mochau. Un ar bob un.

'Salwww,' medda finna'n swnio fatha rhyw blydi ffarmwr, a'n llais i'n crynu rhyw fymryn.

Roedd o'n smart. Ei siwt yn amlwg wedi ei theilwra'n berffaith i'w sgwydda llydan, a'i grys jest yn ddigon tyn i roi'r syniad bod ei foreua'n ca'l eu treulio'n codi pwysa'n y gym. Yr unig beth siomedig am Nicolas oedd y diffyg gwallt. Dim hyd yn oed barf-tri-diwrnod am ei ên. Roedd o'n foel. Do'n i'm hyd yn oed yn gallu ei ddychmygu o hefo wig. He just didn't have it. Roedd cefn ei ben o'n f'atgoffa fi chydig o'r Elidir Fawr. Roedd gen i'r freuddwyd 'ma o gwrdd â Ffrancwr barfog, blewog, oedd yn mynd i'n hudo i drwy strydoedd cobls Montmartre law yn llaw, i gyfeiliant Gainsbourg . . . ond jest boi Ffrensh, moel, eitha del o'dd Nicolas. Roedd y diffyg gwallt yn dipyn o siom os dwi'n onast.

Mi aeth â fi i fwyty Brasilian, lle ges i fyta rhyw datws gwyrdd am y tro cynta, a'r seabass mwya anhygoel oedd yn toddi'n y geg. Wrth i'r G&Ts lifo – do'n i heb ddysgu pa mor rhad oedd gwin eto, ac roedd y pres roddodd Nain i mi mewn amlen yn dal gen i ar y pryd – mi siaradon ni am bopeth dan haul. Mi ddudodd

Be happy!

Be chic!

o wrtha i ei fod o wedi treulio chwe mis yn gweithio yng Nghymru. Mi holais o am ei blentyndod a phetha bob dydd fel'na. Roedd o'n dod o dde Ffrainc yn wreiddiol. Rhwbath anghyffredin iawn y dyddia hyn yw dod ar draws Ffrancwr sy'n byw ym Mharis ac sy'n dod yn wreiddiol o'r brifddinas – fel ni'r Gogs yn symud i Gaerdydd. Wrth i mi ofyn i'r dyn bach pigog tu ôl i'r bar am ddiod arall, fy mhen yn dechra ca'l 'i foddi gan ormod o jin, mi ofynnais i Nicolas oedd y Bombay Sapphire yn ca'l yr un effaith arno fo ag oedd o arna i. A dyma fo'n ateb, 'I was, but I had an operation.'

'Sgen i'n dal ddim syniad be ar wyneb daear oedd o'n meddwl ro'n i wedi'i ofyn, ond ar ôl i mi edrych arno'n hollol syn, mi 'nath o ddallt nad oedd ei ateb yn gneud unrhyw synnwyr, ac mi floeddiodd,

'Oh putain!' (pw-tan)

'Sori?' gofynnais.

'Oh putain!' medda fo eto . . .

Roedd deud 'helô' yn Ffrangeg yn creu trafferth i mi bryd hynny, felly doedd gen i'm hôps-caca-mwnci o allu dallt rhegfeydd. Ond mae 'putain', fel ddudodd Nicolas wrtha i, yn fwy na rheg ym Mharis. Mae o'n ffor' o fyw. Mae'n amhosib ca'l sgwrs gyda rhai Parisians heb iddyn nhw yngan y gair bach dwysillafog 'ma o leia ddwywaith mewn pum munud. Mi ges i fwy o wersi am y gair gan ffrind yn nes ymlaen. Ges i fy hyfforddi sut i ynganu'r gair yn berffaith, hefo'r un emosiwn ac ystum wynebol â Ffrancwr go iawn. Mi ddudodd wrtha i bod yn rhaid i mi feistroli'r rheg os o'n i am drio ffitio i mewn. Dyna bwysigrwydd y gair i'r Parisians ifanc. 'Hwran' neu 'butain' ydi cyfieithiad llythrennol 'putain', ond mae o'n ca'l ei ddefnyddio fel ffor' o fynegi syfrdandod, dicter, anogaeth, poen, a phob emosiwn yn y canol. Fatha 'cachu hwch' i ni, ma siŵr. 'Putain, mais c'est pas possible!' ydi eu 'O arglwydd mawr!' nhw. Mae modd ei ddefnyddio mewn brawddeg fel 'C'est un putain bar' hefyd – 'Mae o'n far cachu'. Mae dyfnder arwynebol y gair yn ddiddiwedd! Hyd yn oed os na ches i fy swyno gan y Ffrancwr blewog oedd gen i mewn golwg, mi alla i ddiolch i Nicolas am fy nghyflwyno i 'putain' . . . ac i L'Éclair.

Ma siŵr nad oedd hi'n syniad rhy ddoeth i'r ddau ohonon ni fentro i far arall, ar ôl y ffiasgo uchod; roeddan ni'n bendant wedi meddwi, ond i far arall yr aeth o â fi. I'r stryd lle roedd o'n byw i fod yn fanwl gywir . . . Hmm . . . cyd-ddigwyddiad? . . . Dwi ddim yn meddwl, y sglyf! Mi gerddon ni i lawr Rue Cler, at far bach dan gynfas streipiog glas a brown, ac ochra'r teras yn ffenestri hen ffasiwn i'n cysgodi ni rhag gwynt a glaw'r hydref. Mi dynnodd y barman sedd allan i mi yn y rhes flaen, ac mi o'n i'n ista ar ben pawb oedd yn cerdded i lawr y stryd, bron â bod. Mi ordrodd Nicolas drosta i, a phan gyrhaeddodd fy Navy Tea mewn hen gwpan a soser flodeuog, 'nes i'm disgwl blasu jin ciwcymbyr.

Mi gymerodd hi chydig fisoedd i mi ddychwelyd i L'Éclair ar ôl y noson gynta honno. Beryg nad o'n i'n cofio lle roedd y caffi bach gwyrddlas hwnnw oedd yn gweini coctels mewn cwpan a soser, ond ar hap a damwain, mi ddes i o hyd iddo eto wrth chwilio am rwla i brynu pannas ym mis Mai. (Dyna oedd straffîg mwya 'mywyd. Blwmin Ffrancwyr a'u llysia tymhorol.)

Dwi'n sôn drosodd a throsodd am yr ystrydebau hynny dwi'n eu gwireddu'n ddyddiol ym Mharis, ond, o bosib, 'di'r petha 'dan *ni'n* eu cysidro'n clichés ddim ond yn ffor' o fyw yma. Bosib mai yn L'Éclair 'nes i ddarganfod hynny am y tro cynta. Dwi'n cofio'r diwrnod 'nes i fentro yno, ar fy mhen fy hun, heb fath o lyfr na laptop. Heb ffrind na ffôn. Dim ond fi. Fi a fy meddwl bach fy hun. Fyswn i byth yn meiddio ista mewn caffi ar fy mhen fy hun 'nôl yng Nghymru. 'O, sbia lonar 'di honna' fyswn i'n ei ga'l. Ond mae'r gallu i fwynhau eich cwmni eich hun yn rhan wirioneddol o'r ffor' o fyw yma, boed o mewn caffi neu mewn amgueddfa.

Mae Rue Cler wedi ei llenwi â chaffis, siopau llysiau a ffrwythau, siopau blodau, patisseries, a boulangeries. Mae treulio awr yno yn rhoi darlun i chi o ba mor wahanol ydi arferion siopa'r Ffrancwyr o'u cymharu â ni. Mae'r llysiau i gyd yn ca'l eu prynu'n ffres ar gyfer y noson honno. Mae'r bara yr un mor bwysig. Dwi'n amcangyfri fod teulu cyffredin ym Mharis yn gwario 800€ y flwyddyn ar fara. Bara! . . . 800€ ar baguettes! Tydi hyn ddim yn cynnwys y croissants, y viennoises, y brioches, a phob math o gacennau erill sy'n ca'l eu llowcio

ganddyn nhw dros y flwyddyn. O feddwl bod Paris yn ddinas gymharol fechan, mae'r ffaith fod yno 1,784 o boulangeries yn profi faint mae'r Parisians yn caru eu carbs!

Roedd hi'n anodd dod o hyd i fwyd ro'n i 'di arfer hefo fo pan 'nes i symud i Baris. Lle o'n i'n mynd i ga'l powlan o chilli con carne yng nghanol dinas sy'n gyndyn o newid ei ffor'? Lle o'n i i fod i ga'l bacon bap ar fora Sul ym Mharis? . . . L'Éclair.

Ar yr olwg gynta mae'r fwydlen yn hollol syml, ond buan iawn 'nes i ddysgu (ar ôl sgwrs fach efo'r boi oedd â gwallt affro sy' wastad yn gweini yn L'Éclair), na chei di sod ôl heb i chdi ofyn. Mi wnes i ofyn ac mi 'nathon nhw wy 'di'i sgramblo ar dost i mi, a darnau bach o facwn wedi'u sbrinclo drosto. Doedd o ddim yn be o'n i 'di arfar hefo fo; y bacwn yn debyg i hundreds and thousands hallt dros yr wy, ond blydi hel, roedd o'n dda.

M m m m

Y rhestr win ydi'r peth pwysica ar unrhyw fwydlen, a L'Éclair, yn fy marn i, sydd â'r dewis gora ar unrhyw restr win yn y byd. Ym Mharis, mae hi bron yn amhosib ffeindio rhwla sy'n cynnig gwin y tŷ. Y peth gora i'w 'neud, yn ôl y sôn, os nad ydach chi'n graig o arian, ydi mynd am yr ail rata. Mae'n debyg fod y rhata'n erchyll, a'r ail rata'n llawer gwell. Felly mae'n ffrindia Ffrengig i wedi deutha fi. Ond, yn L'Éclair, mae 'na restr win hollol wahanol. Yn syml, mae'r gwinoedd wedi eu rhannu'n dair colofn: Low Cost – 3€80, Eco – 4€50, a Business – 6€40. Mae tri opsiwn i bob colofn: gwyn, coch neu rosé, felly os 'dach chi'n sgint, ac yn hoffi gwyn, 'dach chi'n gofyn am 'Low cost blanc s'il vous plaît'. Os 'dach chi'n fflysh ac yn hoffi coch, 'dach chi'n gofyn am 'Une verre de Business rouge, s'il vous plaît'. Blydi hel, mae'n gneud bywyd yn haws.

GWIN A BEICHIOGRWYDD

Tydi'r Ffrancwyr ddim yn ystyried yfed gwin fel rhyw ornest i weld pwy all yfed fwya, ddim fatha chi a fi. Pwy all ganu 'Sosban Fach' nerth eu pennau heb daro un nodyn ar ei ben? Pwy all gerdded adra heb weld yr angen i biso tu ôl i wheelie-bin neu ar gath pobl drws nesa, gan wbod yn iawn bod eich toiled chi gwta ddeg cam i ffwrdd? Mae yfed yn Ffrainc yn digwydd yn reddfol, yn gymhedrol, ac yn naturiol.

Dwi'm yn deud nad ydi'r Ffrancwyr byth yn meddwi. Gosh, na'dw. Dwi'n cofio stori am griw o bobl ifanc yn Marseille neu rwla yn yfed gymaint, 'nathon nhw ddwyn lama a mynd â fo am dro ar hyd y ddinas. Roeddan nhw'n trio mynd â fo ar y tram pan 'nath yr heddlu eu dal nhw, yn trio prynu tocyn iddo. Mae'r Ffrancwyr yr un mor wyllt â ni . . . jest ddim *bob* nos Wenar.

I ferchaid Ffrainc, mae glasiad o win coch yr un mor bwysig i'w diwrnod nhw â gwisgo lipstig. Mi ddes i'n ffrindia hefo'r cwpl *hollol* Parisian 'ma yn ystod fy nghyfnod ym Mharis. Maen nhw'n gwpl llwyddiannus sy'n byw'n gyfforddus ac ar fin dechra teulu – yn Bobos. Mi oedd Camille yn gweithio i gwmni byd-enwog ac yn gyfrifol am farchnata yng Ngorllewin Ewrop. Roedd hi'n 'no-nonsense kinda gal'. A Gaspar y math o foi oedd yn gneud i fi bitïo 'newis erchyll i o ran dynion. Pam na ches i ddim dy briodi di, Gaspar? Tua chwe mis ar ôl i mi eu cyfarfod nhw, mi ges i a rhai o'u ffrindia wahoddiad draw am swper atyn nhw.

Mi gyrhaeddais i efo fy mhotel o win, ar ôl treulio be oedd yn teimlo fel oria'n dewis gwin mewn siop win ar fy stryd i. Ro'n i wedi dewis fy mhotel o St. Joseph ar ôl haslo rhyw hen ddynas oedd yn edrych fel tasa hi'n gwbod be oedd hi'n 'neud. Mi dderbyniodd Gaspar y gwin heb edrych arno, yn gwbod yn iawn 'mod i wedi gneud y dewis anghywir.

Bise. Bise. Un ar bob boch.

'Lara, you made it. Aaaaaah, don't you look lovely!' medda Camille wrth fy ngweld. O'n i'n edrych fatha ffarmwr oedd newydd gerdded i

Yfed à la française?

mewn i Buckingham Palace ac wedi anghofio tynnu'i welis.

Boire à la Cymraes?

Mi ges i fy apéro. Port – diod sy'n rhyfeddol o boblogaidd ymysg y Parisians ifanc. Mi oedd y nibyls yn ddigon i 'mwydo fi am wythnos, ac wrth edrych o 'nghwmpas, yng nghanol y merchaid trawiadol yn eu siacedi Chanel oedd wedi eu taflu dros jîns a rhyw grys-T bach tila mor ddiymdrech, a'r dynion oedd yn gneud i fi orfod ysgwyd 'y nghoesa bob yn ail air, mi oedd raid i mi ofyn i mi fy hun, be ddiawl o'n i'n da yma?

Ond mi o'n i a fy ffrog fach H&M yno. The token-foreign-friend. Yn sipian port, ac yn sugno ar olif bob chwartar awr pan oedd y merchaid erill i gyd yn sglaffian Serrano ham a chaws feta mewn dail gwinwydden. Sut ddiawl do'n i ddim yn seis chwech, Duw a ŵyr. Mi oedd pawb wrth 'u bodda'n deud wrtha i ei bod hi'n grêt ca'l ymarfar

Mi dderbyniodd Gaspar y gwin heb edrych arno, yn gwbod yn iawn 'mod i wedi gneud y dewis anghywir.

eu Saesneg hefo fi, er 'mod i'n dallt yn iawn bod mwyafrif y dorf fechan oedd yno'n gweithio i fanciau a chwmnïau Ewropeaidd oedd yn siarad Saesneg yn ddyddiol, a'r gweddill, fwy na thebyg, wedi eu haddysgu ym Mhrydain neu America.

Wrth i mi balu mwy o glwydda am fy ngyrfa ddifodolaeth, a chreu twll dyfnach i mi fy hun, mi dinciodd Camille ei gwydr port. Mi oedd 'na un peth ro'n i'n ei hoffi am eu perthynas nhw'n fwy nag unrhyw gwpl arall ro'n i wedi dod ar eu traws erioed: Camille oedd yn gwisgo'r trowsus . . . ac er bod Gaspar yn hynod lwyddiannus ac yn arwain tîm yn y banc, mi oedd o'n fwy na pharod i'w gwylio hi'n arwain. Nid mewn ffor' ddiog, ond mewn ffor' oedd yn dangos ei gariad tuag ati.

'We 'ave a little announcement to make,' cyhoeddodd Camille, a'i llais yn tynnu sylw heb iddi orfod gweiddi. Mi oedd o'n destun embaras i mi ei bod hi wedi troi i'r Saesneg, a finna'r unig dramorwr yno.

'We want to zank you all for coming tonight, andz we wantz to tell you zat, in six months, Gaspar and I will be 'aving a little bébé.'

Mi drodd y stafell ben i waered. Pawb wedi mopio. Mi o'n inna hefyd wedi gwirioni drostyn nhw ond doedd 'na'm un peth bach . . . o'i le? Drwy gydol y noson, mi wyliais i Camille yn gorffen ei phort, yn ca'l glasiad o win coch hefo'i phryd, ac yna'n ca'l glasiad o siampên i orffen. Do'n i'm cweit yn siŵr iawn sut i ymateb. Fyswn i byth yn ei barnu hi, ond yfed a chitha'n feichiog? Wel, tydi'r Ffrancwyr 'ma'n rhyfadd, meddyliais wrth gymryd y metro adra.

Felly, wrth i fi a Camille ga'l panad yr wythnos ganlynol, hitha ar ei the gwyrdd o achos y bwmp, mi 'nes i fentro gofyn oedd yfed yn ystod beichiogrwydd yn arferol yn Ffrainc.

'Of course it is. My mozer did it. 'Er mozer did it. 'Er mozer before zat. It's not az if we get pissed all ze time, Lara.'

Mi oedd ganddi bwynt. Mae merchaid wedi yfed gwin tra'u bod nhw'n feichiog ers oes yr arth a'r blaidd, ond i fi, â'r holl sylw i'r y pwnc sy' yn y newyddion, mi oedd o'n beth hollol annoeth ac annheg i'w 'neud. Do, mi ddudodd y doctor wrth Mam am yfed Guinness wrth iddi fy nghario i, ond 'mond hannar peint bob hyn a hyn gan fod lefel ei haearn hi'n isel. Doedd port a gwin a siampên yn bendant ddim yn ocê.

Mi siaradon ni chydig mwy am y peth, a dwn i'm 'nes i ei brifo hi drwy godi'r peth, 'ta oedd ei hormons hi'n rhemp, ond mi aeth hi chydig yn amddiffynnol. Mi ddudodd hi fod 'rhan fwya o'i ffrindia wedi yfed yn gymhedrol trwy gydol eu beichiogrwydd, a doedd hitha ddim am lwyr roi'r gora i yfed am y naw mis roedd hi'n cario. Gwpl o wythnosau wedyn, mi es i draw am ginio dydd Sul atyn nhw. Mi oedd rhieni Camille yno, ac mi gynigiodd *mam* Camille lasiad o win iddi hyd yn oed . . .

Mi gafodd Camille y babi – merch fach o'r enw Marie. Mae hi'n berffaith.

Y CWPWR'

Y cwpwr' . . . nid caffi traddodiadol Ffrengig ydi'r cwpwr', naci, ond dyma lle gewch chi'r coffi *gora* ym Mharis a'r coffi *rhata* ym Mharis. Dyma lle mae'r gwin yn llifo i gyfeiliant unrhyw beth dwi isio. Dyma lle mae

'meddwl i'n ca'l dianc i unrhyw le dwi isio. Y cwpwr', yn syml, ydi fy fflat.

Y tro cynta i fy rhieni ddod draw i Baris, i ga'l blas ar fy mywyd newydd, mi ddaeth hi'n chydig o jôc bod y fflat tua'r un maint â chyntedd tŷ ni yn y Felinheli. Ac nid jôc ydi'r gymhariaeth yma! Mi alla i gerdded o fy ngwely i'r tŷ bach mewn deg cam, o'r gwely i'r gegin mewn pump, ac o'r gegin i'r tŷ bach mewn tri. A dyna ni. Fy ngwely ydi fy soffa, fy mwr' bwyd, fy storfa, fy mhob dim. Mae'r gormodedd o ddillad a llyfra dwi 'di'u hel dros y ddwy flynedd wedi troi'r fflat fach yma, yn llythrennol, yn gwpwr'.

Dwi wastad 'di cadw dyddiadur, ers 'mod i tua deuddag oed, ma siŵr, ac yn licio sbio'n ôl arno bob hyn a hyn. Wrth bori ynddo fo, mi wnes i ddod ar draws fy argraffiadau o'r fflat ar fy noson gynta un ym Mharis (mae rhai darnau heb eu cynnwys neu wedi eu haddasu fymryn):

Yr olygfa o'r Cwpwr'.

> Mae hi rŵan yn 12:52 a.m., a dwi 'di dadbacio pob dim. Mae'n hollol, hollol lyfli yma. Dwi'n gallu gweld yr Eiffel Tower o'n ffenast a bob dim . . . os dwi'n hongian allan chydig! Mae'r fflat yn . . . fach, ond mae'n ciwt. Dwi mwy neu lai yn y to, ac mae'r waliau ar un ochr yn gwyro. Mae'r metro yn pasio o dan yr adeilad, a bob tro mae 'na drên yn mynd odanaf fi, mae'r lle'n ysgwyd i gyd. Dwi angan cysgu achos mae'n ysgwydd i'n brifo ar ôl tynnu'r bali cês 'na trw' dydd, y cês 'nath dorri ar y platfform. O, y fath hyfrydwch!

Mae syniad rhai pobl o fyw ymysg toeau a simneiau Paris yn freuddwyd ramantus. Dydi o ddim. Dwi ar y seithfed llawr, heb lifft. Does 'na'm un wal syth. Mae 'na dwll anferth yn y llawr dwi 'di gorfod

'i orchuddio hefo rŷg, ac mae'r
pryfaid cop a'r trychfilod wrth
'u bodda'n dringo trwyddo i
gadw cwmni i mi gyda'r nos.
Mae'r to'n plygu uwchben fy
nesg. Mae'r gawod yn ca'l ei dal
i fyny hefo hanger a selotêp.
'Sgen i'm popty, 'mond hob bach
campio. Mae'r waliau'n llawn
cracia a thylla lle bu unwaith ryw
ddarlun yn hongian gan yr hen
denantiaid. Dwi'n edrych allan
ar barc, ac er bod y Parisians
go iawn yn breuddwydio am
ga'l tawelwch a dihangfa o brysurdeb
strydoedd y ddinas gyda'r nos, mi
ges i siom 'mod i ddim yng nghanol
y bwrlwm. 'Di o ddim yn ddel, 'di o'n
bendant ddim yn berffaith, ond dwi'n
caru'r cwpwr' bach hyll 'ma.

Mae'n bwysig i ni i gyd ga'l rhwla i
ddianc iddo ar ôl diwrnod o waith. Ein
lle bach ni. Ac yma yn y cwpwr', mae gen
i hynny. Yn ystod ymosodiadau Charlie
Hebdo, dyma lle deimlais i'n saff – yn

niogelwch fy neuddeg wal
fach, drwsgwl. Dyma lle daw
ffrindia i dorri c'lonnau dros
lasiad o win. Dyma lle 'na i
chwerthin am oria'n sgeipio
fy nheulu a'n ffrindia tan
berfeddion. Dyma lle ges i'r graith
ar fy mhen ôl wrth ddawnsio'n
noeth i David Bowie, a llwyddo i
losgi 'nhin ar yr haearn smwddio.

Dydi pob atgof o'r cwpwr' ddim
yn braf, chwaith. Mi ges i ladrad
chydig fisoedd ar ôl symud yma.
Mi gymeron nhw bres, ond gadael fy laptop, a'n iPod i a 'nheclynnau
technolegol. Diawliad. O'n i chydig bach yn gyted fod y cnafon heb
feddwl bod fy mhetha i'n werth eu dwyn. Dwi'n cofio cerdded i mewn
i'r fflat, gweld y llanast, a jest crio. Bosib am 'mod i heb fyw ar fy
mhen fy hun o'r blaen, ond dwi 'rioed 'di bod mewn gymaint o stad ag
oeddwn i'r eiliad welais i fy fflat. Hyd heddiw, mae'n afiach o deimlad.
Gwbod fod rhywun wedi bod trwy'ch petha chi – trwy'n llyfra i, trwy
'nillad isa i – wedi ista ar fy ngwely i ac wedi gweld fy mywyd bach i
heb ganiatâd.

Un peth pwysig dwi 'di'i ddysgu ers byw yn y cwpwr' ydi bod cau
cyrtans yn bwysig! Mi gymerodd hi fisoedd i mi sylweddoli: os ydw
i'n medru gweld i mewn i fflatiau pobl erill, maen nhw hefyd yn

medru gweld i mewn i'n fflat i! Druan o'r cymdogion. Fydda i'n aml ar fy nhraed yn hwyr y nos, neu'n gynnar yn y bora; mae'n dibynnu sut mae rhywun yn sbio arni. Wrth i mi sefyll yn sgwâr fy ffenest yn pwffian ar ryw smôc, fwy na thebyg yn gwisgo'r nesa peth i ddim, mi fydda i'n meddwl weithiau faint o bobl sy'n effro fel fi. Mewn dinas, mi welwch chi'r bocsys bach o olau yn y pellter, ond hefyd y sgwariau sy' wedi eu goleuo'n agos. Mae 'na ferch mewn fflat gyferbyn â fi sy'n rhannu fy mhatrwm cysgu anghymdeithasol. Mi fydd y ddwy ohonon ni'n deud 'Salut' am bedwar y bora, y ddwy ohonon ni'n tynnu ar ein smôcs, ac yn gweld ein gilydd fwy neu lai'n ddyddiol, ond byth yn deud mwy na 'Helô'. Mi wela i hi weithiau yn y stryd, neu yn Le Murmure. Mi 'nes i sôn wrth ffrind am y berthynas ryfedd 'ma oedd gen i

Ôl lladron. ERCHYLL!

gyda fy nghymydog, ac mi ddudodd o wrtha i bod rhaid i mi siarad efo hi'r tro nesa. Mae'r tro nesa wedi bod. A'r nesa, a'r nesa, a dwi'n dal heb yngan gair â hi, 'mond dod i'w nabod hi o bell. Dwi 'di dysgu bod ganddi gariad; ei bod hi'n smygu Vogues bach tenau ac yn eu rhoi nhw mewn hen bot iogyrt ar sil y ffenest. Mae ganddi obsesiwn efo torri split ends; mi wela i hi'n gorwedd ar ei gwely bob dydd yn torri'r gwallt bach ar ei phen. Tydi hi byth yn codi cyn hannar dydd, ac mae

hi'n newid ei dillad gwely bob tair
wythnos.

Mi fydda i'n aml yn
golchi'n delicates i yn y sinc,
ar ôl i mi ga'l trychineb yn
y launderette un diwrnod, a
chwalu pob bra a nicar oedd gen i (er

i mi ga'l trychineb yn y sinc unwaith hefyd, wrth anghofio 'mod i'n
golchi'n nics ynddo fo, a thaflu llond sosban o sbinaits garlleg i'r dŵr
. . . ella fysa'n haws symud 'nôl adra a gadael i Mam 'neud y golch).
Felly, erbyn heddiw, ar ôl 'u golchi nhw'n y sinc, mi fydda i wedyn yn
rhoi fy nics ar ryw declyn sy'n hongian o'r reilings tu allan i'n ffenest.
Un diwrnod, ar ôl gadael y dillad isa i grimpio'n yr haul, mi es i i'w hel
nhw, a sylweddoli fod 'na bâr o nics wedi disgyn. Tasan nhw'n hen bâr
bach hyll, nicers dy' Sul fel petai, fyswn i ddim wedi boddran, ond mi
oeddan nhw'n bâr DKNY lêsi. Felly, ar ôl mynd drwy bob dim ro'n i
am 'i ddeud yn fy mhen, mi es i lawr y grisiau, a chanu cloch y ddynes
oedd yn gofalu am yr adeilad. Fysa'n well i mi hefyd esbonio nad oes
gen i mo'r berthynas ora hefo hi. Mi wnes i anghofio'r ffob i ddod i
mewn i'r adeilad un noson a chanu cloch ei fflat hi ar ddamwain. Mi
ges i gardyn post unwaith hefyd hefo dim ond llunia dynion noeth
ar y blaen gan ffrind o Awstralia. Mi roddodd hi'r cardyn post ar yr
hysbysfwrdd yn y cyntedd yn hytrach nag yn fy mlwch post, felly mi
ddes i i'r casgliad nad oedd hi wedi c'nesu ata i!

Ond yn ôl at y nicar DKNY.

'Excusez-moi. J'ai perdu ma culotte dans votre jardin,' ddudais i wrthi, gan wenu'n ddiníw.

Mi edrychodd hi arna i, ma siŵr yn pendroni 'Be ddiawl mae hon 'di bod yn ei smocio?' Mi ddudais i wrthi 'mod i wedi colli fy nicyrs yn ei gardd, heb fath o esboniad. Ar ôl chydig o stytro a meimio, mi 'nath hi ddallt be oedd 'di digwydd a dyma hi'n mynd â fi i'r cwrt bach yng nghefn ein hadeilad. Roedd hi'n gwenu chydig yn gleniach arna i wedi hynny.

Rhaid i mi gyfadda, mae'n dal i deimlo fel taswn i'n chwara'r busnas bywyd 'ma. Dwi'm yn cofio dysgu sut i 'neud y golch (boed o'n wael neu beidio), na chwcio, na byjitio . . . ocê, anghofiwch yr un ola 'na; dwi'n dal heb ddysgu sut i byjitio. Ond mae'n rhaid fy mod i wedi llwyddo rywsut i wella fy sgiliau domestig yn ystod fy nghyfnod ym Mharis. Tybed 'nath 'na dylwythen deg ddod a thasgu llwch hud uwch fy mhen ryw noson? A dyna fi wedyn yn deffro'n y bora yn gallu byw ar fy mhen fy hun.

Pan ddaeth 'na ffrind i 'ngweld i yma am y tro cynta ym Mharis, do'n i'm wir yn gwbod lle o'n i'n mynd, ac ro'n i'n gwrthod siarad yr iaith. Ond . . . mi o'n i wedi profi 'mod i'n medru byw ar fy mhen fy hun, ac yn dal i fod yn fyw dri mis wedyn. Mi 'o'dd Dad wedi mynnu

Mae'r drws ffrynt mor bell o'r Cwpwr'!

prynu sgriwdreifar i fi, gan ddeud ei bod hi'n hanfodol i bawb ga'l un ym mhob tŷ! Doedd o ddim yn deud clwydda.

Wedi deud hyn i gyd, dwi'n dal i fethu newid bylb heb orfod ffonio ffrind. 'Nes i fyw yn twllwch hefo dim ond fairy lights yn fy stafell am tua mis, ond wedyn pan aeth golau'r bathrwm hefyd, mi rois i'r gora i fod yn oedolyn a ffonio ffrind. Roedd byta'n y twllwch yn un peth, ond mae plycio dy aeliau yn y twllwch yn weithred hynod o beryglus. Mi ddaeth fy ffrind, Gabriel, draw un pnawn i newid y bylbiau i gyd, ac fel ddudodd o, 'How can I leave a damsel in distress?'

O Ganada mae Gabriel yn dod. Iddew bach stoci, blewog ydi o sy' 'di byw ym Mharis ers bron i ddegawd, ac felly'n amlwg wedi newid amball fylb dros y blynyddoedd. Fo oedd yn ca'l galwad ffôn bob tro roedd gen i broblem: os o'n i isio mynd i weld y doctor ac angen cyfieithydd; os o'n i angan dadflocio'r sinc; tasa gen i gar, ma siŵr mai fo fyswn i 'di'i ffonio i newid teiar.

Ond, fatha bob dim yn 'y mywyd i, mi oedd 'na broblemau. Dwi'm yn fawr ac yn dal fel Goleiath . . . ond mi oedd Gabriel yn fyrrach na fi; yn bum troedfedd, pedair modfedd. Yr ail broblem oedd bod nenfydau Paris yn uffernol o uchel. Mi safodd Gabriel ar stôl yn fy fflat ac ymestyn ei freichiau tua'r nenfwd cyn i'r ddau ohonon ni ddechra glana chwerthin. Mi oedd 'na droedfedd arall rhyngddo fo a'r to. Pa ffŵl sy'n gwadd corrach i newid bylb? Ia – fi!

Pleser syml picnic yn y parc.

CAFÉ 3

ROSA BONHEUR

Coffi – 4€
Bordeaux – 5€
Charcuterie – 13€
Quai d'Orsay, Port des Invalides
Metro – Invalides
Arrondissement – 7ème
Yn yr ardal – Assemblée Nationale, Musée d'Orsay

Yn fwy na chaffi a bar, lle i gymdeithasu ydi Rosa Bonheur, ac i fod yn fanwl gywir, mae 'na ddau Rosa Bonheur yn y ddinas erbyn heddiw. Rosa Bonheur ym mharc Buttes Chaumont oedd y cynta o'r ddau i mi'i ddarganfod. Mi es yno un pnawn dydd Mercher hefo fy ffrind, Julia, pan nad o'n i'n gweithio. Dwi'n cofio cerdded i lawr allt fechan ym mryniau'r parc a darganfod un o'r unig dai 'go iawn' (fel 'dan ni yng Nghymru yn meddwl am dŷ) cyn sylweddoli nad tŷ cyffredin mohono, ond Rosa Bonheur.

Artist o'r bedwaredd ganrif ar bymtheg oedd Rosa Bonheur, yn arbenigo mewn darluniau realaidd o anifeiliaid. Roedd hi'n symbol o ddelfryd newydd, ffeministaidd yn y cyfnod, ac yn un o'r merchaid

Llun Rosa Bonheur tua 40 oed. O bosib artist benwywaidd enwocaf y 19eg ganrif. Cafodd ganiatâd yr heddlu i wisgo trowsus yn gyhoeddus.

cynta i fyw bywyd ar ei liwt ei hun, yn hytrach nag ildio i bwysau cymdeithasol a chymryd rôl 'y ferch'. Julia adroddodd hyn i gyd i mi, gan ei bod hi'n astudio hanes celf yn y Brifysgol Americanaidd ym Mharis, felly doedd hi ddim yn sioc i ni'n dwy ga'l ein hudo gan y syniad o ga'l diod mewn bar hefo enw o'r fath.

Meinciau syml, byrddau picnic ar wasgar wedi'u hamgylchynu gan ffens biced o amgylch tŷ bach Swedaidd yr olwg – dyna Rosa Bonheur. Poteli gwin am bymtheg ewro (sy'n rhad), a dynion barfog a sbectol gron Ffrengig am eu trwynau yn llymeitian peint o gwrw wrth bob bwrdd. Mi o'n i'n y nefoedd. Felly, dyma ni'n dwy yn gwahodd ein ffrindia i gyd yno'r dydd Sadwrn canlynol.

Wrth i ni droedio'r allt i lawr at Rosa Bonheur unwaith eto, yn griw o tua chwech y tro hwn, 'nathon ni sylwi fod 'na giw o Bîtnics a Bobos yn aros am sedd yn ein lle cyfrinachol bach ni. Mi ddiflannodd hud yr holl le. Doedd gan neb lawar o fynadd aros mewn rhes i ga'l glasiad o gwrw cynnes yng nghesail rhyw hipster, felly mi aethon ni draw i un o'r siopau congl ar gyrion y parc, prynu picnic, ac ymgartrefu ar fryn Buttes Chaumont am y pnawn.

Ar ddiwrnod braf, mae'r parc yn orlawn. Mae hi wastad yn anodd ffeindio lle 'na, ac fel arfar, mae'n rhaid i chi wasgu'ch blanced rhwng cyrff sy'n torheulo, neu gyplau sy'n labswchan. Gan nad oes gan fwyafrif y Parisians erddi, yn aml iawn mi welwch chi bobl yn eu bicinis mewn parciau, yn dod i grimpio yn yr haul, ac mi fydd 'na wastad hen ddyn yno yn ei byji smyglars hefo'i goesau ar led.

Dwi'n siŵr i ni fod yn y parc am yn agos i saith awr y diwrnod hwnnw: ffrindia'n mynd a dod, a rhai ohonon ni wedi bod yno trwy'r dydd, yn niblo hwmws a saucisson ar fara ffres, ac yn ca'l glasiad, neu dri, o win.

Wrth i'r haul ddechra boddi dan orwel y ddinas, mi benderfynon ninna'i bod hi, o bosib, yn amsar ymlwybro 'nôl i gysgodion y strydoedd. 'Mond tri ohonon ni oedd ar ôl o amgylch y flanced: Julia, finna a Josh. Y tri Musketeer oeddan ni'n galw ein gilydd, a ninnau'n byw ein bywydau Parisian fwy neu lai law yn llaw. Roedd Josh wedi ei fagu rhwng haul Sydney a llwydni Llundain, ac wedi ei addysgu mewn ysgol fonedd filitaraidd – boi dim nonsens oedd yn byw ei fywyd fel amserlen lem i'r eiliad, ac yn casáu'r ffaith 'mod i a Julia wedi mabwysiadu'r rheol Ffrengig o fod yn hwyr i bob man. Wrth i ni gasglu'r manion ola o amgylch y cylch bach roedd y criw ohonon ni wedi'i greu yn ystod y pnawn, mi drodd Josh at y ddwy ohonon ni a deud,

'Right, which one of you hid my shoes?'

Roedd o'n gwestiwn digon teg, gan fod y ddwy ohonon ni chydig yn ddrygionus ac yn licio chwara ambell dric ar Josh. (Y ffefryn personol oedd diwrnod ffŵl Ebrill. Mi oedd Josh wedi bod ddigon gwirion i roi ei oriad sbâr i mi i'w gadw ar gyfer argyfwng, felly, tra oedd o mewn gwers, mi sleifiodd y ddwy ohonon ni i mewn hefo milltiroedd o ddafedd a throi ei fflat yn nyth pry cop, heb unrhyw ffor' o fynd i mewn trwy'r drws.) Ond y tro yma, doedd yr un ohonon ni'n euog.

Mi edrychon ni am y sgidia ym mhob man. Dan flancedi ac mewn bagia. Gofyn i'r bobl oedd ar ôl yn y parc oedden nhw wedi bachu pâr o sgidia ar ddamwain. Doedd 'na ddim golwg ohonyn nhw. Mi ddechreuodd Josh golli'i limpin a gweiddi. Roedd rhywun wedi dwyn ei sgidia! Mi gerddodd allan o'r parc yn hollol droednoeth, yn deud wrth y ddwy ohonon ni y byddai ei fam yn ca'l ffit yn gweld y fath olwg arno.

Josh â sgidiau am ei draed!

SGIDIA . . .

Fel dwi wedi sôn o'r blaen, gwylio pobl
fydda i mewn caffis yn amlach na pheidio;
sylwi ar y dewisiadau ffasiwn erchyll mae
rhai merchaid Ffrengig yn eu gneud, a'r
diffyg dewisiadau gan y dynion. Un o'r
petha 'nath i mi chwerthin fwya yma oedd
y cannoedd o oedolion oedd yn berchen ar
sgwter. Ac nid Vespa bach coch neis, i hedfan
drwy'r traffic, ond sgwter hogyn bach deuddeg
oed, hefo dwy olwyn a brêc bach tila ar yr
olwyn gefn. Mi welwch chi ferchaid canol oed

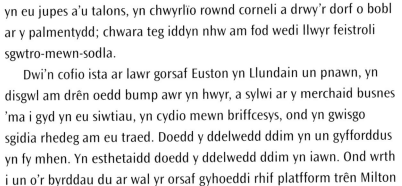

yn eu jupes a'u talons, yn chwyrlïo rownd corneli a drwy'r dorf o bobl
ar y palmentydd; chwara teg iddyn nhw am fod wedi llwyr feistroli
sgwtro-mewn-sodla.

Dwi'n cofio ista ar lawr gorsaf Euston yn Llundain un pnawn, yn
disgwl am drên oedd bump awr yn hwyr, a sylwi ar y merchaid busnes
'ma i gyd yn eu siwtiau, yn cydio mewn briffcesys, ond yn gwisgo
sgidia rhedeg am eu traed. Doedd y ddelwedd ddim yn un gyfforddus
yn fy mhen. Yn esthetaidd doedd y ddelwedd ddim yn iawn. Ond wrth
i un o'r byrddau du ar wal yr orsaf gyhoeddi rhif platfform trên Milton
Keynes, mi redodd y merchaid nerth eu traed, gan lamu trwy'r dorf,
a'r trainers afiach 'ma yn dangos eu gwerth. Dyna ichi un peth fysa'r
Parisians yn sicr ddim yn ei 'neud.

Dwi wastad wedi credu bod esgid yn medru deud cyfrolau am berson, yn enwedig dynion. Mae esgid smart felly'n brawf bod gan y dyn yna steil. Mae gan y rhan fwya o bobl lot llai o sgidia yn eu wardrob na chrysau-T, er enghraifft, felly mae'n ffor' wych (ond falla ddim yn wyddonol gywir) o ddarllen person.

Donc – felly – i'r rheini ohonoch chi sy' ddim yn gyfarwydd efo'r dull faux-seicic yma o weld yn ddyfn i mewn i gymeriad dyn, gadewch i mi eich rhoi chi ar ben ffor' . . .

DYN SY'N GWISGO . . .

Brogues lledr: Mae'n ddiflas, yn casáu ei swydd. Mi brynodd ei ex y sgidia iddo, fwy na thebyg fel esgus i orffan hefo fo.

Brogues swed: Gwell. Mi brynodd o'r rhain gan sylweddoli ei fod o'n medru'u gwisgo nhw hefo siwt, a jîns. Does 'na'm byd gwaeth na sgidia sgleiniog hefo jîns . . . na trainers hefo jîns, wrth feddwl. Mae ganddo fo frên, o leia.

Converse: Mae'n foi bach neis, sy'n eitha cŵl, ond sy' ddim isio sefyll allan yn ormodol. Mae o'n fwy na thebyg yn licio cerddoriaeth Indie.

Loafers (ac eithrio dynion 50+; mi gân nhw wisgo loafers): 'Preppy' ydi'r unig air sy'n dod i'r meddwl. Yn byw ar arian Mami a Dadi, a braidd yn anaeddfed (a deud y lleia!).

Brogues pointi swed: Mae ganddo swydd dda, ond yn meddwl 'i fod o'n God's gift. Mi dalith am y diodydd i gyd, a glafoerio drostach chi am chydig oria, 'mond i ga'l mynd i mewn i'ch nicyrs. Meddyliwch am yr hen ddywediad bod maint troed dyn yn gyfartal â maint rhwbath arall – mae'r sgidia'n pointi am reswm . . .

Sgidia sy' dri maint yn rhy fawr: Mae'n ddigartref. Anghofia fo.

Y sgidia lledr 'na hefo beading rownd yr ochr, a felcro i'w cau: Dy daid. Anghofia fo hefyd.

Doc Martens: Mae o, yn fwy na thebyg, mewn band ac isio bod yn Alex Turner neu rywun felly. Mi fydd o fwy na thebyg yn gwisgo jîns tyn . . . mi ddylai hynny ddangos iti be ti angen ei wbod.

Sgidia-hipi-Hobbit-hemp: Cr'adur. Mae'n siŵr o fod yn gariad o foi, ond bod rhesymau moesol wedi bod yn gymaint o ran o'r penderfyniad i brynu'r sgidia ag ydi ei sefyllfa ariannol.

High-tops swed a lledr: Dwi'n licio'r dyn yma. Mae'n cŵl, ond eto'n soffistigedig. Mae'n smocio rolis jest i edrych yn hip, ac yn treulio ei bnawniau Sul yn chwilio amdanaf fi . . . ahem.

Flip-flops: RHO'R BODIA 'NA O'R NEILLTU, heblaw dy fod yn byw yn Awstralia. Dydi pawb ddim isio gweld dy fungal nail infection di. Mae traed yn hyll. Amen.

Trainers gwyn: Does 'na'm esgus. Ddylech chi ddim hyd yn oed gwisgo'r rhain i fynd i'r gym. Dwi'm am ddechra trio egluro faint mae'r rhain yn gneud i fi grio tu mewn.

Toms: Yn debyg iawn i converse, ond chydig yn fwy chavvy. Mi oedd Toms yn arfar ca'l eu gwisgo gan artistiaid oedd 'mond yn eu prynu am resymau moesol gan fod pâr o Toms yn ca'l ei roi i blant yn y Trydydd Byd bob tro y bysach chi neu fi'n prynu pâr. Erbyn heddiw, mi fysach chi'n fwy tebygol o'u ffeindio nhw ar draed rhyw foi seimllyd yn Oceana, yn sticio i'r llawr afiach, wrth iddo drio gwthio ei dafod i lawr eich corn gwddw chi ar nos Sadwrn.

Bŵts cowboi: HAHA . . . na! Oni bai ei fod o'n gowboi . . . wedyn geith o lapio'i lasŵ rownd fy nghanol i a gneud beth bynnag licith o yn ei fŵts cowboi.

Atgofion eitha niwlog s'gen i o fynd i'r Rosa Bonheur arall, Rosa Bonheur sur Seine, am y tro cynta. Roedd hi'n ben-blwydd arna i, a fedra i'm gwadu 'mod i'n diodda chydig bach . . . h.y. yn dal wedi meddwi. Dwi'n cofio deffro i gyfeiliant iPhone yn trio ynganu 'Llin-Jin Mam' rhwng tincian electronig. Ddim be o'n i isio'i glywad ar ôl cwta dair awr o gwsg . . . ond deffro oedd raid gan fod fy rhieni a 'mrawd

wedi gneud yr ymdrech i ddod draw i
ddathlu fy mhen-blwydd hefo fi.

Hwn oedd yr ail ben-blwydd i mi
ei ddathlu ym Mharis, a'r tro yma,
roedd gen i ddigon o ffrindia i roi
llety i fy rhieni. Mae Mam wrth ei
bodd yn ca'l dod draw, yn enwedig
i aros hefo fy ffrind Virginie a'i theulu.
Rhywsut, mi 'nes i flagio'n ffor' i ga'l swydd
hefo Virginie, a gwireddu breuddwyd oes o ga'l
gweithio ym myd ffasiwn ym Mharis.

Yn ystod y tymor prynu – deufis o brynwyr a pherchnogion
siopau'n dod draw i Baris i brynu dillad ar gyfer y tymor nesa – mi
o'n i'n gweithio mewn Showroom. Dwi'n cofio mynd yno am y tro
cynta i ga'l cyfweliad bach. Poeni'n ddiawledig am be o'n i'n mynd i'w
wisgo. 'Nes i setlo am dwtw pinc golau at fy ffêr, rhyw jympyr lwyd un
llawes, sgarff biws, wlanog o'n i 'di'i dwyn gan Mam, a Doc Martens

felfed lliw gwin am fy nhraed. O'n i'n meddwl 'mod i'n edrych yn reit cŵl, felly ffwr' â fi i drio ffeindio'n ffor' i ardal Saint-Ouen, i gyfarfod Virginie . . . y bòs!

Dwi'n cofio'r siwrna yna fel tasa hi'n ddoe. Cofio'r ogla'n fwy na dim – rhyw gymysgedd o siwrej, rhech bora Sul a cyrri. Mae meddwl amdano'n codi cyfog arna i rŵan. Erbyn heddiw, dwi 'di dysgu bod lein 13 metro Paris yn enwog am fod yn ddrewllyd, ond ar y dydd Iau hwnnw, doedd gen i'm clem, ac mi 'nes i dreulio'r rhan fwya o'r siwrna'n diolch bod gen i sgarff i gladdu 'nhrwyn ynddi. Mi oedd o hefyd y tro cynta i mi fod mewn sefyllfa lle mai fi oedd yr unig berson gwyn. Mae'n beth rhyfadd i'w ddeud, wn i, ond dyna'r foment 'nath

= Gwenwch, rydych yn cael eich ffilmio.

'neud i mi sylweddoli 'mod i wir yn byw mewn dinas.

Mi gyrhaeddais i stesion Mairie de Saint-Ouen, a dringo'r grisiau allan o'r metro gan fod yr escalator 'di torri. Do'n i ddim yn gyfarwydd hefo'r ardal o gwbl, gan ei bod hi tu allan i'r Périphérique, ac felly ddim wir ym Mharis. (Os meddyliwch chi am Baris fel Llundain, hefo'r ring-roads neu périphériques, yna mae Île-de-France fel Greater London.) Yn ddiarwybod imi, mi o'n i wedi mentro i un o ardaloedd mwya ryff Île-de-France, yn edrych fatha

Virginie a'i gwên, a'i chroeso.

blydi Tinkerbell ar asid mewn twtw a Doc Martens. Mi oedd pawb yn sbio arna i, ac fel arfar fyswn i ddim yn meindio, ond roedd hi'n sefyllfa anarferol o anghyfforddus. Mi oedd 'na grwpiau o ddynion ar bob wal a mainc yn yfed seidr ac yn gweiddi Duw a ŵyr be arna i, a heddlu arfog yn gneud eu patrôls. O'n i'n nerfus a deud y lleia, wrth i mi ddilyn y map bach hyd nes i mi ddod o hyd i'r Showroom.

Dyn a ŵyr be o'n i'n 'i ddisgwl o'r Showroom 'ma ar ôl gweld yr ardal, ac ma siŵr 'mod i'n amau mai twyll oedd yr holl beth, a 'mod i'n mynd i gyfweliad i weithio mewn brothel neu rwbath. Ond yng nghanol y matresi a'r ffrijis wedi'u dympio ar y strydoedd, y seirans

di-stop, a llgada anghynnes y dynion ar y daith, mi ddes i o hyd i'r Showroom. Nefoedd llwyr. Mi agorodd Virginie y giât i mi, ar ôl i mi ganu'r gloch, a 'ngwahodd i mewn i'r ardd fechan 'ma.

'Laraaaaaa!!! You made it! It makes me sooo 'appy! 'Ow aaaaaaare you?'

O'r eiliad honno, mi ddaeth Virginie yn rhan fwy o 'mywyd i na feddylis i y bysa hi fyth. Yn fôs, yn ffrind, yn deulu Ffrengig. Mae'n ystrydeb, wrth gwrs, i ddeud ein bod ni fel eneidiau hoff cytûn, ond mi ydan ni. Y math o berson fydd wastad yn rhan o 'mywyd i, a'r un mor boncyrs â fi!

Yn yr ardd fechan honno yng nghrombil y tŷ, mae ganddyn nhw dair iâr. Tair IÂR! Ym Mharis! Tair iâr, ci a chath, dau o blant, a hi a'i gŵr, Alain, sy' bellach yn un o ffrindia gora fy nhad, er nad oes iaith gyffredin rhyngddynt (ond mae Guinness yn iaith gyffredin rhwng pob dyn am wn i). Mi es i am daith o gwmpas y Showroom, oedd yn orlawn o ddillad o bob cwr o'r byd; y cyfan wedi ei arddangos mewn ffor' chwit-chwat-drefnus. Sgidia ar hen ystol, sgarffia'n hongian o frigau yn y to, a jîns wedi eu gosod ar sgaffaldau. Mi ges i banad o de orange

blossom mewn hen gwpan fach paisley goch ac aur, un o gannoedd o
hen gwpanau bach vintage mewn cwpwr' uwchben y sinc.

Ca'l fy nhywys wedyn drwy ddrws wedi ei 'neud o lwythi o hen
ffenestri bychain, at eu stafell fwyta deuluol nhw. Piano gwyrddlas
llachar wrth un wal, hefo lamp wedi'i gneud o tua hannar cant o
fylbiau pinc ar ei ben. Bwrdd wedi'i adeiladu o amgylch pilar yng
nghanol y stafell, a Virginie yn deud wrtha i ei fod o wedi ei 'neud
â llaw o gannoedd o flociau pren maint ciwbiau Oxo. Dwy siglen i'r
dde o'r bwrdd – un i'r plant, ac un yn ddigon cry' i'r oedolion. Mynd
draw i'r gegin wedyn, oedd yn fwy o dŷ gwydr, hefo wal bambŵ ar un
ochr a hen gypyrddau metal fel dodrefn cegin ar y waliau yn arwain
at do o sbrings hen fatras. Mi oedd o'n lot i'w weld, a dwi'n gwbod o'r
disgrifiad 'i fod o'n swnio fel taswn i'n wirioneddol yn tripio ar doman
o fyshrwms neu rwbath, ond er mor wallgo mae'r tŷ'n swnio, mae o
wir yn un o'r tai mwya anhygoel o steilish imi fod ynddo erioed!

Felly, gan fod y ddwy ohonon ni mor debyg i'n gilydd, mi ges i'r swydd. Mi esboniodd hi i mi yn ddiweddarach nad oedd byw yn Saint-Ouen yn ddelfrydol, ond gan fod prisiau tai ym Mharis yn hollol ridíc, ac er mwyn ca'l prynu ei Showroom ei hun, doedd 'na'm opsiwn arall. Mi brynon nhw dri tŷ ac adnewyddu'r holl adeiladau er mwyn creu cartref a busnes i gyd dan yr un to. Mae'n aberth sy'n golygu ei bod yn rhaid iddi dreulio bron i ddwy awr yn y car bob dydd er mwyn dreifio ei

dwy ferch – Rose a Louise – i ysgolion safonol yn Montmartre.

Yn y misoedd cynta, doedd gen i ddim mo'r profiad – na'r iaith – i ddelio â chleientiaid yn y Showroom, felly mi o'n i yno i baratoi coffis, te a gwinoedd i bawb oedd yn ymweld ac i drio dillad 'mlaen, a'u harddangos nhw i'r cleientiaid. Rhyw fodel chydig dros ei phwysau am wn i, neu fwy fel behpoos. Dyma'r term sy'n ca'l ei ddefnyddio am fodelau'r Dwyrain Canol, sy'n golygu 'well-dressed', gan fod y ddelwedd orllewinol o fodel yn lot rhy rywiol i wledydd crefyddol y Dwyrain Canol.

Ar fy niwrnod cynta, do'n i ddim wedi dallt mai dyma fysa fy rôl. Mi oedd y Showroom yn orlawn o bobl, ac mi o'n i newydd 'neud coffis i ddau ddyn o Ddenmarc oedd yn trafod ordor hefo Virginie, pan ofynnodd hi i mi ei helpu.

'Lara, could you try zis on, please?' sibrydodd hi'n fy nghlust yn ei hacen hyfryd gan roi ffrog yn fy llaw.

Mi gymerais i'r dilledyn ac anelu am y tŷ bach ym mhen pella'r stafell, ond mi afaelodd yn fy mraich a deud wrtha i am newid yn y fan a'r lle, gan fod y ddau ddyn bach ar frys.

O Mam Bach!

Mi dynnais amdana i, a balansio fy nhop rhwng fy ngheseilia, a'i frathu rhwng fy nannedd i drio cyfyngu fy noethni

Y tango gwaethaf ym Mharis?

i jest fy nicyrs, ond mi ddisgynnodd y top o 'ngheg a datgelu fy mra hollol si-thrw oren i'r ddau ddyn bach Danaidd, a gweddill y bobl yn y Showroom, gan i mi roi rhyw sgrech yn fy mhanig a chyhoeddi i'r byd a'r betws 'mod i mewn dipyn bach o bicl-noeth. Mi sefais yno, yn fy mra a nics, oedd yn gneud dim ond rhoi rhyw dinj oren i'n nipls a'n ffŵff i. Ro'n i isio marw yn fy holl ogoniant. Dechra gwych i 'ngyrfa i'n y Showroom, ac mi fydda i'n cael f'atgoffa o'r foment honno yn aml . . . yn enwedig gan y ddau ddyn Danaidd bach sy'n ymweld bob tymor, ac yn tynnu 'nghoes i mai fi ydi'r unig berson maen nhw wedi ei nabod erioed sy'n gwisgo bra oren. Hyd y gwyddon nhw, wrth gwrs!

> Fedra i drio bod yn Amélie, 'medraf?

Ond drwy ryw wyrth, mi ofynnodd Virginie i mi ddychwelyd i weithio yno bob tymor, ac mi fyddai'n deg deud, yn ogystal â bod wedi gneud ffrind am oes, 'mod i'n dod o 'na bob tymor hefo mwy a mwy o wybodaeth, a gweledigaeth wahanol am ffasiwn. Yn bennaf, y ffaith ein bod ni fel cymdeithas yn gorbrynu rwtsh. Y throw-away society 'ma sy'n prynu lot o betha rhad heb gysidro pwy sy'n gneud y dillad, sut a lle, gan olygu bod cynllunwyr bach a siopau annibynnol yn diflannu.

Mae'r cariad a'r brwdfrydedd s'gen Virginie tuag at ei gwaith a'r diwydiant yn rhwbath hollol unigryw. Mae hi'n anadlu steil. Yn fwy na jest mwynhau ei gwaith, mae pob eiliad o'i bywyd yn rhyw wledd weledol, ac mae'r profiad dwi 'di'i ga'l o weithio yno'n hollol amhrisiadwy. Ddylen ni ddim gwisgo i blesio neb arall heblaw amdanan ni'n hunain. Mae Virginie wedi dangos i mi fod dillad yn rhwbath sy' i fod i 'neud inni wenu; yn bleser, ac yn fodd arall i ni fynegi ein hunain.

Dwi'n gwenu rŵan wrth feddwl am antur arall yn ei chwmni. Doedd glanio am ginio pen-blwydd hefo Virginie, ar ôl tair awr o gwsg, hefo brith gof o decstio'n ex, gneud y can-can law yn llaw â cherddor ar y stryd, ac argyhoeddi'n hun fod gen i'r atebion i bob problem wleidyddol yn Ffrainc y noson gynt, ddim wir yn rhwbath o'n i isio'i 'neud. Doedd y pwysau ychwanegol o orfod o leia *trio*

edrych yn steilish ddim wir be o'n i 'i
angen chwaith, pan fyswn i'n ddigon
hapus i fejo yn fy onsie trwy'r dydd.
Ond rhywsut, ar ôl cawod, *lot* o golur,
hen outfit ffyddlon a sbectol haul am
fy nhrwyn, mi sleidiais i lawr yr holl
risiau o fy fflat i'r cyntedd, a llwyddo
i gyfarfod y trŵps i gyd am ginio
dathlu.

Byta ar y Seine.

Virginie benderfynodd ein bod ni'n mynd i
Rosa Bonheur, ac mi o'n i'n reit falch fod y penderfyniad wedi ei 'neud
heb i mi orfod meddwl am rwla cŵl i fynd â phawb. Do'n i ddim yn
ymwybodol fod 'na ddau Rosa Bonheur, a finna'n meddwl bod disgwl
i ni ddreifio i Buttes Chaumont. Ond pan barciodd Alain y fan ar
lannau'r Seine, mi 'nath 'na ddarn bach ohona i farw tu mewn wrth
sylweddoli ein bod ni'n mynd ar gwch. Mi oedd gen i self-inflicted-
stationary-sea-sickness fel ag yr oedd hi, a doedd camu ar gwch ddim
yn apelio . . . o gwbl. A finna'n disgwl y gwaetha, mi aethon ni ar y
llong, oedd yn debycach i dŷ gwydr anfarth na chwch. Mi setlodd
fy stumog ac mi ges i ista wrth un o'r byrdda oedd wedi eu gneud o
hen fareli. Thema forwrol oedd i bopeth, a dim sôn am lifdonnau'r
Seine. Roedd y llong yn gadarn yn ei lle. Mae 'na ddewis enfawr o
gynhwysion i greu eich charcuterie, o rillette i baté madarch a ffigys.
Gwin bendigedig, cwrw rhad – ond da, a'r un cleientél o hipsters a
Bobos sy'n mynychu Rosa Bonheur Buttes Chaumont.

'Mrawd a fi ar lan yr afon – ar ôl byta!

Mae Paris yn gneud yn fawr o'r afon; mae'n fwy na dim ond mymryn o ddŵr i wahaniaethu rhwng y Rive Gauche a'r Rive Droite. Mae'r Seine yn gymeriad ynddi hi'i hun. Mae'r Seine hefyd yn llwyfan i'r dynion tân. Dwi'n cofio un pnawn, ar ôl trip i siop lyfra Shakespeare & Co., ca'l fy hudo gan griw o ddynion tân yn eu wetsuits croendyn, oedd yn neidio fesul un i mewn i'r afon. Un yn neidio, ac yna eiliad o gynnwrf wrth ddisgwl ei weld o'n ymddangos o'r dŵr. Byddai wedyn yn gneud ystum OK gyda'i law a byddai'r nesa'n neidio i mewn. Alla i'm dychmygu gorfod neidio i'r fath fudreddi, ond mi oedd hi wastad yn hwyl gwylio'r pompiers, ac yn drît bach i'r llgada 'fyd.

Fyswn i byth yn medru sgwennu llyfr am Baris heb sôn am Paris Fashion Week! Ma'r cyfrynga yn mynd yn wyllt yn ystod yr wythnos bob blwyddyn, wrth i'r sêr a'r selébs ddod at ei gilydd am sgwrsys gan geisio profi bod hen drowsus rhyfel dy daid yn beth call i'w wisgo hefo clogyn crochet Miu Miu SS16.

Dwi'n sylweddoli fod diwedd y frawddeg uchod yn swnio fatha

Cyngor doeth :

Y wardrob sylfaenol – Ma gan bob merch yn y ddinas wardrob sylfaenol. Mae'r grefft o'i llunio hi wedi cael ei hetifeddu.

Jîns clasurol – sy' ddim yn newid hefo'r tymhorau.

Blows fach wen – sy' ddim yn rhy draddodiadol, ond sy'n siarp a glân.

Siaced ledr – nid un ffug. Ma'n bwysig gwario pres ar hon, ond gallwch gyfiawnhau'r gwariant gan y bydd hi'n para am flynyddoedd.

Trowsus du – rhai cul fel arfer.

Ffrog fach ddu – Oes angen i mi esbonio pwysigrwydd hon?

Bŵts lledr neu swed hyd ffêr – du, neu frown, hefo mymryn o sowdl.

Siwmper cashmere – Merchaid Paris ydi goreuon y byd am greu'r edrychiad diymdrech, ac mae siwmper cashmere yn rhan allweddol o hyn.

Blazer – Ma'n rhaid i hon fod yn ddu, ond does dim angen gwario ffortiwn. Gallwch ei thaflu dros ffrog, neu gwisgwch hi gyda chrys-T a jîns. Mae'n hanfodol!

Sgert fer – Gall hon fod yn sgert ledr neu yn un gotwm batrymog.

Stilettos – Nid i'w gwisgo bob dydd, ond yn hanfodol ar gyfer yr apéro bach pnawn Gwener 'na hefo'ch bòs, neu os ydych am fynychu priodas eich cyn-gariad.

patrwm gweu, ond dyma'r byd ma'r selébs 'ma'n byw ynddo. Siarad iaith estron am SS neu AW, a gwylltio am fod YSL bellach 'mond yn SL . . . A'r cwestiwn 'dan ni yn ei ofyn ydi: ydi hyn o dragwyddol bwys?

Ma'r byd ffasiwn ym Mharis hefyd yn gystadleuaeth barhaus. Pwy all wisgo'r petha mwya gwallgo a chael fwyaf o sylw? Pwy all fwyta dim ond ciwb o gaws trwy'r dydd heb basio allan? Pwy all fynegi'r farn fwya hurt am sioe Chanel neu Dior? Ma'r byd ffasiwn yn hollol wallgo bost.

Cofiwch chi, mae'n bosib fy mod i'n chwerw oherwydd nad ydi'r gwahoddiad i ista yn rhes flaen sioe Marc Jacobs wedi cyrraedd eto (ond rhaid cofio fod post Ffrainc yn warthus), ond yn fy marn i, lol ydi Paris Fashion Week. Mae'n siŵr y basa rhai yn dadla ei bod hi'n bwysig oherwydd bod sioeau'r wythnos yn dylanwadu ar ffasiwn y stryd fawr y tymor canlynol. Ond, mewn difri calon, oes angen troi'r Grand Palais yn sied maint cae pêl-droed am ddeuddydd, dim ond er mwyn dangos pa mor fyr y dylsa hem sgertia fod ym marn ambell grinc sy'n meddwl eu bod nhw'n bwysig?

Mae merch o Baris yn dewis anwybyddu Paris Fashion Week yn llwyr. Iddi hi, mae dilyn ffasiwn yr un mor berthnasol i'w bywyd â chydymffurfio â rheola traffig – hynny yw, dydi o ddim yn bwysig! Mae hi'n cadw at yr hyn sy'n ei siwtio hi – gwisgo dillad du, fflach o liw, a sgidia sy' ddim am frifo'ch traed.

CHARLIE HEBDO

Dwi ddim wir yn hoffi meddwl am wythnos gynta 2015. Doedd o ddim yn gyfnod braf, a dwi 'di deud droeon ei fod o'n gyfnod yr hoffwn i ei anghofio – cyfnod lle mae gen i chydig o gwilydd cyfadda fod gen i ofn. Mi oedd o'n frawychus, a dwi'n teimlo'n hunanol yn sgwennu hynna o gofio fod rhyfeloedd yn dinistrio bywydau, teuluoedd a chartrefi'r eiliad hon ar draws y byd. Ond pan mae'n digwydd yn dy ddinas di, pan maen nhw'n targedu'r ddinas ti'n ei galw'n gartra am resymau ti ddim yn eu deall, mae'n blydi brawychus.

Dwi'n cofio pan dorrodd y newyddion. Doedd gen i'm teledu ym Mharis, felly'r unig ffor' o ga'l y newyddion oedd drwy strîmio Al Jazeera. Doedd hi ddim yn anghyffredin iddo fod ymlaen yn y cefndir tra o'n i'n paratoi i fynd i weithio. Do'n i'm yn gwrando

arno, 'mond digwydd taro 'mhen tua'r gegin a gweld y faner goch
'Breaking News' ar waelod y sgrin: 'Paris Attacks'. Doedd o ddim wir
yn sioc. Roedd bygythiad ymosodiad terfysgol wedi dod yn bwnc llosg
rhyngdda i a'n ffrindia dros y misoedd blaenorol – ffrindia o Ffrainc,
America, Iran, Awstralia, Rwsia, Cristnogion, Mwslemiaid, Bwdyddion
ac Iddewon. Dwi'n cofio ffrind yn deutha i 'i bod hi wastad yn mynd
i ganol trên metro, gan ei bod hi 'di darllen bod ymosodiad yn fwy
tebygol o ddigwydd yn y cerbydau blaen. Finna wedyn yn dechra dilyn
yr un patrwm dan ofn. Mi oeddan ni'n ymwybodol fod y bygythiad
yno, ond byth wir yn meddwl y bysa fo'n digwydd.

Ond mi 'nath. Ar ddydd Mercher, y 7fed o Ionawr, 2015. Tridia ar ôl
i fi fod yn dawnsio ar hyd traeth ar Ynys Môn hefo 'mrawd a'n chwaer,
yn yfed y botal flynyddol o siampên Fortnum & Mason. Y tri ohonon

ni'n wirion bost yng nghwmni'n gilydd, yn gwbod fod Beca'n chwaer ar fin symud i Dde Corea a finna'n mynd 'nôl i Baris, ac y byddai hi'r tro ola i ni fod efo'n gilydd am o leia chwe mis. Mae diwrnod fel y 7fed o Ionawr yn sobri atgofion.

Mi o'n i ar fin gadael fy fflat i ddysgu Saesneg i ddosbarth o blant bach Rwsiaidd pan dorrodd y newyddion fod 'na ymosodiad wedi digwydd ar swyddfa cylchgrawn *Charlie Hebdo*. Do'n i'm fel arfer yn ffonio adra, gan ei fod o'n ddiawledig o ddrud, ond y peth cynta 'nes i, fel rhyw fabi, oedd ffonio Mam.

'Ti 'di gweld y niws?' medda fi, a'r geiria'n rhyw fymbl cyflym.

'Do,' medda Mam. 'Nes i wylltio hefo hi chydig; gofyn pam doedd hi'm wedi ffonio. A sylweddoli wedyn 'mod i'n bod yn hollol afresymol a hunanol. Fel pob mam, mi ddudodd hi wrtha i am 'galmio lawr a cha'l panad'. Mi 'nes, ac wedyn cymryd y metro i un o orsafoedd prysura Paris ac yna trên i gyrion y ddinas. Doedd o ddim wir wedi 'nharo i eto, na neb arall, am wn i. Doedd 'na'm teimlad o ofn ar y strydoedd. Doedd neb yn mynd i stopio be oeddan nhw'n 'neud, ond bosib bod hynny'n deud mwy am y Parisians nag unrhyw lol dwi 'di'i sgwennu. Dwi'n cofio dysgu'r plant bach Rwsiaidd y pnawn hwnnw, ond dwi'm yn siŵr *be* 'nes 'i'i ddysgu iddyn nhw. Rhyw yngan geiriau Saesneg wrth sbio ar fy ffôn bob dau funud, rhag ofn fod mwy o newyddion. Ddaeth 'na'm byd, 'blaw bod y ddau derfysgwr wedi dianc. Y brodyr Kouachi. Mae'n gyfenw sy'n aros yn y co'.

Gwta awr ar ôl i'r newyddion dorri, mi ges i wahoddiad Facebook i fynd i wylnos ar sgwâr République, ac ar ôl gorffen dysgu'r plant, yno'r es i. Ar fy mhen fy hun bach. Crwydro drwy goridorau gwag gorsaf Montparnasse ar rush-hour llonydd. Pawb yn neidio wrth glywed unrhyw glec neu sŵn ffôn. Pawb yn edrych o'u cwmpas ac yn holi ei gilydd.

Do'n i'm yn siŵr iawn be oedd yn mynd i ddigwydd yn République. Ella fod gan bobl ormod o ofn i fentro allan? Dwi'n cofio cerdded allan o orsaf Strasbourg Saint-Denis, a gweld llif o bobl yn ymlwybro tua'r sgwâr – mi fentrodd 40,000 o bobl i'r wylnos. Mi safodd pawb ochr yn ochr; dieithraid yn cysuro'i gilydd, yn llafarganu 'Charlie', yn galaru mewn undod. Mi oedd delweddau o'r cartwnwyr wedi dod yn ganolbwynt i lot o'r cofebion dros dro ar hyd y sgwâr, a chanhwyllau a beiros o'u hamgylch.

Wrth i'r noson fynd yn ei blaen mi drodd yr wylnos yn chydig o rali. Dechreuodd rhai ddringo'r cerflun ar ganol y sgwâr, a môr o leisia'n llafarganu 'Je suis Charlie', gan nad ymosodiad ar *Charlie Hebdo* yn unig oedd hwn, ond ymosodiad ar bob un ohonon ni sy' am fynegi barn. Chwifiwyd baneri gyda'r geiriau 'Liberté d'expression' a

goleuwyd y geiriau 'NOT AFRAID' yng nghanol y sgwâr. Hyd yn oed os oedd 'na deimlad o ofn, roedd pobl am ddangos dewrder a pheidio ag ildio i'r terfysgwyr.

Mi lwyddais i fynd i gysgu'r nos Fercher honno o'r diwedd, gyda 'mhen ar fy nesg yn sgwennu am brofiadau'r dydd tan i mi bendwmpian, a phob clo ar fy nrws wedi ei gloi.

Mi gyhoeddodd Hollande y noson honno y byddai'r diwrnod canlynol yn ddiwrnod o alar cenedlaethol. Am hannar dydd, roedd cylch o undod yn ca'l ei gynnal o amgylch sgwâr République, felly mi fentrais i unwaith eto i'r sgwâr hanesyddol hwnnw. Mi safon ni'n fud am tua chwarter awr. Roedd y gwynt yn iasol, ond alla i ddim cofio teimlo'r oerfel yn ystod y pymtheg munud hynny. Yr unig beth dwi'n ei gofio ydi llais newyddiadurwraig Americanaidd yn ailadrodd hunlle'r diwrnod blaenorol. Yn ein hatgoffa ni. Mi wasgarodd y cylch yn y

pen draw, ac mi gydiodd yr hen ddyn drws
nesa ata i yn fy sgwydda, a rhoi nòd dair
gwaith – nòd oedd yn deud 'Dwi'n gwbod'.
Mi edrychodd o i fyw fy llgada, a chrychu ei
wefusau tuag at ei gilydd. Ddudodd o 'run
gair, ond mi 'nes i ddallt ei fudandod. Mi
oedd o, fel fi, yn holi 'Pam?'

Dwi'n cofio cymryd tacsi adra'r noson
honno, gan fod gen i ofn mynd ar y metro.
Fy siwrna gyffredin yn fwy lliwgar na'r arfer a
düwch y gaeaf wedi ei liwio'n las. Lleoliadau

Cannoedd o
ganhwyllau i
gofio.

pwysig yn ca'l eu cau. Y milwyr erbyn hyn ar bob cornel a rhwng pob
car. Y Champs-Élysées yn brysur dan fflachiadau glas a choch a gwyn,
a dim sôn am gariadon yn y glaw ar hyd y Seine. Doedd Paris ddim yn
Paris y noson honno. Ddim hyd yn oed yn y glaw.

Wedi i ni ga'l diwrnod o alar cenedlaethol, roedd teimlad o
anghrediniaeth wrth glywed am y gwarchae yn yr archfarchnad
Iddewig yn ne'r ddinas y diwrnod canlynol. Roedd 'na banig llwyr ar
draws Paris a phawb yn gofyn: ydi hyn byth yn mynd i ddod i ben?
Roedd 'na ddychryn diachos a storïau di-sail am fwy o ymosodiadau ar
hyd y ddinas trwy'r dydd. Mi oedd o'n reit afiach, ac ar un pwynt, mi
'nes i ista ar risiau fy fflat yn methu symud.

Dwi'n siŵr ei bod hi'n anodd i bawb adra osgoi llunia'r orymdaith
ddigwyddodd yma ar y dydd Sul a ddilynodd ymosodiadau Charlie
Hebdo. Roedd pobl yn ymateb mewn gwahanol ffyrdd. Rhai wedi

gwylltio gan gredu fod y llunia o arweinwyr y byd yn ffals. Erill ddim yn coelio bod cymaint o bobl ar y strydoedd, ond fel un oedd yno, mi alla i ddeud nad oedd y cyfryngau ddim yn gor-ddeud. Dwi 'rioed wedi gweld cymaint o bobl.

Roedd o'n ddigwyddiad swreal i fod yn rhan ohono ac mae'n anodd disgrifio'r awyrgylch, a deud y gwir. Ydi o'n beth afiach i ddeud ei fod o'n deimlad braf? Fod 'na ryw deimlad o ddeud 'fuck you' wrth y terfysgwyr? Teimlad o ddathlu'r undod 'ma roedd pawb yn sôn amdano? Achos felly roedd o'n teimlo. Oedd, mi oedd o'n drist, ond y peth mwya amlwg oedd y teimlad o frawdgarwch, a'r dewrder fedrith y Ffrancwyr ei ddangos ar adega prin fel'ma. Mi oedd yr hen a'r ifanc, du a gwyn, Cristnogion a Mwslemiaid, i gyd yn sefyll ochr yn ochr. Dydi hynny ddim yn digwydd yn aml ym Mharis. Gwendid Ffrainc ydi nad ydi hi'n aml yn ymfalchïo yn yr hanes cymhleth sy'n perthyn iddi, ac yn mynnu cydnabyddiaeth i'r holl amrywiadau crefyddol, gwleidyddol a hiliol sy'n rhan o'r wlad erbyn hyn. Mi brofodd Paris y noson honno

fod modd i bawb gyd-dynnu er mwyn sicrhau rhyddid, boed o'n rhyddid y wasg, yn rhyddid personol, neu'n rhyddid i fyw.

Gan i mi gadw blog o fy nghyfnod ym Mharis, mi deimlais i'r angen i gofnodi fy mhrofiadau dros yr wythnos honno, a'u rhannu nhw hefo fy ffrindia, ac unrhyw un arall oedd isio darllen. Roedd hi'n arferol i mi rannu linc i fy mlog ar fy nhudalen Trydar, efo ambell hashnod addas. Chydig funudau ar ôl i mi bostio fy erthygl fechan dan y teitl 'The pen is mightier than the sword', ar hashnod '#charliehebdo', mi ges i neges gan drydarwr yn honni 'mod i'n siarad lol, ac y dylwn i fynd i 'neud chydig o waith ymchwil ar hanes Islam. Gyda'r neges, mi rannwyd linc i mi at dudalen oedd yn rhestru'r holl frwydrau yn hanes Islam.

Mi 'nes i dynnu sylw Twitter at y twît yna, ond ro'n i hefyd yn cwestiynu fy hun – roedd gen i'r hawl i fynegi fy hun drwy fy sgwennu; onid oedd ganddo fo'r un hawl i 'meirniadu? Yn amlwg, dwi ddim o blaid unrhyw un sy'n cefnogi'r fath drais, ond mae 'na bwynt yn dod lle mae'n rhaid i ni ofyn, lle mae tynnu'r llinell? Holl bwynt yr orymdaith enfawr honno ym Mharis oedd cefnogi rhyddid mynegiant, a feiddiwn i fyth ga'l un rheol i un person, a rheol gwbl wahanol i berson arall.

Mi gafodd yr ymosodiadau effaith ar Baris. Yn bendant. Mi welwch chi fwytai a chaffis gyferbyn ag ysgolion Iddewig neu synagogau sy' wedi gorfod cau eu drysau am y tro ola, gan fod pobl yn llai parod i fentro i lefydd sydd o bosib yn darged. Mae'r ddelwedd o filwyr arfog o gwmpas y ddinas wedi dod yn gymaint o ran o Baris ag ydi'r pontydd.

Maen nhw yno i'n hamddiffyn ni, ond mae gweld eu presenoldeb nhw'n dy atgoffa di fod y bygythiad wastad yno. Mi soniodd ffrind wrtha i sut y bu'n rhaid i gyfaill iddi ddeud wrth ei merch fach nad oedd o'n syniad da iddi rannu'r ffaith eu bod nhw'n Iddewon, ac mi ddudodd hefyd y byddan nhw'n symud y mezuzah o ffrâm eu drws. Mi ddudodd hi na fuodd arni 'rioed ofn bod yn Iddewes ym Mharis tan y dydd Gwener hwnnw.

= Ymunodd Charlie â Mohamad ym mharadwys

'Nes i 'rioed ddychmygu y bysa'n atgofion i o fy nghyfnod ym Mharis yn ca'l eu lliwio gan ddigwyddiad fel Charlie Hebdo. Dwi'n trio peidio â gadael iddo 'neud. Nid dyma'r Paris ro'n i'n ei mwynhau ac yn ei charu. O'n i'n teimlo rhyw euogrwydd 'mod i'n ca'l dychwelyd i 'mywyd bach normal ar ôl i bobl golli eu bywydau, a bywydau erill wedi newid am byth. Ond roedd rhaid i mi dderbyn fod bywyd yn mynd yn ei flaen. Fedrwn ni ddim byw mewn ofn, byw yn yr 'Os'. Tasan ni'n gadael i ofn reoli'n bywydau, mi fysan nhw wedi ennill.

Mi ddaeth petha'n ôl i normalrwydd reit handi ac mi oedd y waiters i gyd yn flin mewn dim o dro!

Dyma fosg a warchododd Iddewon yn ystod yr Ail Ryfel Byd.

SALON DE THÉ DE LA GRANDE MOSQUÉE DE PARIS

Coffi – 2€50

Bordeaux – bwyty dialcohol

Charcuterie – bwyd Morocaidd

39 Rue Geoffroy-Saint-Hilaire

Metro – Place Monge

Arrondissement – 5ème

Yn yr ardal – Jardin des Plantes,

Institut du Monde Arabe, Sw Paris

Gwta ddeg metr tu allan i giatiau gardd fotaneg Paris – y Jardin des Plantes – mi ddewch chi at ddrws rhywle hudolus, y Salon de thé de la Grande Mosquée de Paris. Dyma'r lle i fynd i ffoi rhag trybini'r byd a chael eich cario i Nirfana ddwyreiniol: coed ffigys yn tyfu'n gynfas dros yr awyr, a swn yr adar bach bywiog, a'r gwynt i'w glywed yn brwsio'r dail. Ar wasgar ar hyd yr iard fach mae tua ugain o fyrddau sydd i gyd yn cysylltu dwy gadair, ac ar hyd un wal, mae rhes gyfan o fyrddau yn creu rhyw fainc i wasgu poblogaeth y mosg i gyd i mewn yn ystod amsar panad. Mi fydda i fel arfer yn ista i'r chwith o'r grisiau, dan anferth o goeden sy'n hollti cwmni ffrindia o gwmpas y bwrdd, ond sy'n braf i bwyso arni

wrth sgwrsio. Dyma un o'r chydig gaffis lle na fydda i'n estyn fy nghyfrifiadur i sgwennu. Mae'r mosg yn lle sy'n ysu am bapur a beiro. Lle i ddiffodd y meddwl, dianc o brysurdeb bywyd a cha'l bod ar eich pen eich hun, neu yng nghwmni ffrind. Lle syml, hynafol, sy'n arwydd o'r hyn ddylai crefydd fod, nid arwydd o'r helynt sy'n digwydd tu allan i'r bwa.

Tasach chi'n dewis crwydro i'r bwyty sy' hefyd yn boblogaidd iawn yma, dim ond un diod sy' ar y fwydlen . . . neu'r diffyg bwydlen; te mintys ydi hwnnw. Ac ar hambyrddau maint hŵla-hŵp, mae dau neu dri o waiters bach smart yn gweini'r bwyd.

Faswn i ddim wedi darganfod y mosg heb help ffrind . . . ond nid ffrind cyffredin mohoni!

'We shall rendez-vous at mine, and I'll take you to ze mosque.'

Ddim y geiriau o'n i'n disgwyl eu clywad gan nodwydd o ddynas fach Gawcasaidd Ffrengig ar bnawn dydd Mawrth.

Roedd Madame Philippe yn 84 ac yn hen nain i blant bach ro'n i'n eu gwarchod. Bu hi'n byw ym Mhrydain am gyfnod, ac roedd ei ffrind gora hi o'r cyfnod hwnnw, Betty Davies, yn Gymraes. 'Sgen i'm clem hyd heddiw be 'di enw cynta Mme Philippe, ac mi fynnodd hi 'mod i'n ei galw'n Meme neu Mme Philippe o'r cychwyn

Madame Philippe yn gwneud ei phwynt yn null cyn athrawes!

cynta. Felly, gan 'mod i 'rioed wedi bod yn hoff o roi 'enwau' megis 'Nain' a 'Mam' ar neb, ac wedi mynnu galw Nain yn Jini ers 'mod i'n ddim o beth, Mme Philippe fuodd hi. Mme Philippe, yn syml, ydi fy ffrind gora i ym Mharis. Mi fydda i'n cael fy mhryfocio yn aml pa mor bathetig ydi'r ffaith fod gen i, yn un ar hugain oed, ffrind gora sy'n wyth deg pedwar oed. Ond felly fydda i'n disgrifio Mme Philippe yn amlach na pheidio.

Wrth sgwrsio, mae ganddi'r ddawn anhygoel 'ma o 'neud i bawb wenu. 'Na i gyfadda fod gen i'm cliw be mae hi'n ddeutha fi hannar yr amsar. Dwi'n cofio un diwrnod, mi drodd ata i yn ei chadair siglo a deud:

'A man once fell out of bed, and zen climbed back into bed. He woke up a few hours later as he'd fallen out of bed again, and said to himself, "Well, it's a good zing I got up, or I would have fallen on myself".' Mi chwarddodd hi nes bod ei bocha main hi'n biws, a phob gwythïen yn ei gwddw hi bron â phopio. Mi 'nes i chwerthin lot hefyd. Allwn i ddim peidio, ond hyd heddiw, Duw a ŵyr be oedd hi'n trio'i ddeud wrtha i.

Mi oedd hi tua un ar ddeg y bora pan 'nes i gyrraedd tŷ Mme Philippe am ein rendez-vous. Roedd ei fflat yn gyfforddus ac yn edrych allan ar fy hoff barc yn y 5ème arrondissement, parc sy'n brif ardd fotaneg Ffrainc, ac sy'n ymestyn dros 28 acer yng nghanol y ddinas. Mi dynnais i'n sgidia a chymryd sedd ar y balconi.

'Would you like a glass of Pineau?' medda hi wrth arllwys llond gwydraid o hylif pinc i wydr o 'mlaen i cyn i mi ga'l cyfla i ateb.

'Um … well … why not?' medda finna, ddim yn siŵr oedd yfed rhwbath tebyg i frandi am un ar ddeg o'r gloch y bora'n normal neu beidio. Ro'n i'n methu gwrthod y caredigrwydd yng ngwyneb Mme Philippe.

Mi steddon ni am chydig, fi'n ca'l hanes ei hwyrion a'i hwyresa, hitha'n holi am fy nheulu'n ôl yng Nghymru. Y ddwy ohonon ni'n chwerthin wrth ddechra sôn am ddynion, neu'r diffyg dynion yn ein bywydau, a hi'n deutha fi, fel bob tro y gwelwn i hi, 'mod i'n rhy dlws i'n rhannu (ocê, doedd 'i golwg hi ddim yn grêt). Ond mi oedd hi wrth ei bodd yng nghwmni pobl ifanc.

'Right, drink up. We're going to ze moské,' cyhoeddodd Mme Philippe, gan ddeud y gair 'mosg' yn y dull Ffrengig. A dyma fi'n llowcio'r Pineau, y gwin melys a oedd fel rhyw gymysgedd o bort a brandi ysgafn.

Roedd y syniad

Cawod o ddail ceirios yn y Jardin des Plantes.

o fynd am banad i'r mosg yn rhwbath cwbl estron i mi. Onid mynd i fosg i weddïo wyt ti? Pam fysa chdi isio mynd i'r mosg os nad wyt ti'n dilyn Islam? Do'n i heb fy narbwyllo'n llwyr ond mynd 'nes i, fraich ym mraich â Mme Philippe, yn eitha sgeptig.

Wrth i ni gerdded drwy giatiau cefn y Jardin des Plantes, heibio i'r Muséum National d'Histoire Naturelle, mi ddaethon ni at adeilad anferth gwyn. Mae'n adeilad anarferol o isel a fflat o'i gymharu â gweddill pensaernïaeth Paris, ond os codwch chi'ch pen, mi welwch fod yr adeilad yn tyfu fel rhyw fynydd gwyn a gwyrdd tua'r cefn. Yng nghornel y mosg, mae 'na fwa bach sy'n arwain at fymryn o risiau i'r salon de thé. Dyma fi'n croesi'r ffor' a cha'l fy arwain gan Mme

X Mémé . . . Madame Philippe

Philippe trwy'r bwa. Mi fyddai'n ddigon hawdd i chi fethu'r fynedfa tasach chi ddim yn gwbod lle i edrych.

Does gen i'm co' oedd 'na filwyr tu allan i'r mosg y diwrnod hwnnw, na'r troeon canlynol i mi fynd yno ar fy liwt fy hun. Ma siŵr nad oedd rheswm dros eu ca'l nhw yno cyn Charlie Hebdo. Erbyn heddiw, mae 'na wastad un wrth y fynedfa ac fel arfer, ddau neu dri ar ochr arall y stryd hefo'u gynna'n cadw llygad ar bawb a phopeth. Mae ganddyn nhw'r gallu i 'neud i chi deimlo'n euog er i chi 'neud dim byd o'i le. Mae'n arferol heddiw gweld y milwyr 'ma ym mhob man, ac yn

Madame Philippe yw fy ffrind gorau ym Mharis.

amlwg, yno i'n hamddiffyn ni maen nhw, ond 'di hi ddim yn ddelwedd y medra i lwyr ymlacio ynddi. Be tasa un yn codi ar ochr rong y gwely? Be tasa rhwbath yn mynd o'i le? Be tasa 'na lone wolf?

'Deux, s'il vous plaît, monsieur,' gofynnodd Mme Philippe, ac mi estynnodd y dyn bach am ddau wydr oddi ar yr hambwrdd. Gwydrau bach euraidd, hefo rhimyn tywodlyd o'u hamgylch. Dyma oedd y tro cynta i mi ga'l te mintys Morocaidd go iawn, ac mi lifodd fel mêl i lawr fy ngwddw, yn driog melys, gwyrdd. Mae'n bosib mentro at y cownter cacennau fel 'nes i'r diwrnod cynta hwnnw, ond erbyn heddiw dwi wedi dysgu ei bod hi'n haws peidio â mentro gan fod y dewis di-ri o gacennau bach melys, marzipans a baklavas yn rhoi rhyw barlys byrhoedlog i mi.

Salon de thé de la Grande Mosquée de Paris

Yn ôl y sôn, mi gafodd y mosg ei ddefnyddio fel lloches i lawer o Iddewon yn ystod yr Ail Ryfel Byd, gyda nifer fawr ohonyn nhw'n derbyn ffug-dystysgrifau geni Mwslemaidd i'w hachub rhag creulondeb y Natsïaid. Mae'n hawdd anghofio fod Paris wedi bod dan oresgyniad yr Almaenwyr yn ystod yr Ail Ryfel Byd. 'Na i gyfadda bod fy ngwybodaeth hanesyddol i'n . . . brin, ond 'nes i 'rioed feddwl fod dinas mor nerthol a chadarn â Pharis wedi ca'l ei meddiannu.

Roedd pob sgwrs i mi ei chael am y rhyfel, tu allan i wersi hanes tila'r ysgol, wedi bod hefo neiniau a theidiau. Storïau am awyrennau'n disgyn mewn caeau. Nain Licswm yn taeru fod cronfa storio nwyon yn Rhyd-y-mwyn. Ddim tan y pnawn yn y mosg hefo Mme Philippe y gwnes i gysidro sut beth oedd byw mewn rhyfel – sut beth oedd ca'l rhyfel yn tarfu ar lonyddwch eich bywydau a'ch cartrefi.

Plentyn, tua wyth mlwydd oed, oedd Mme Philippe yn ystod y cyfnod erchyll hwnnw rhwng 1939 ac 1945. Merch wyth mlwydd oed oedd yn caru dim byd yn fwy na chwara a chwerthin hefo'i ffrindia. Ffrindia oedd yn cynnwys tri bachgen Iddewig.

Mi aeth Mme Philippe i'r ysgol un bora, yn ymwybodol bod y rhyfel yn mynd yn ei flaen, ond yn blentyn naïf er hynny, a ddim wir yn dallt dwyster y cyfnod. Wrth iddyn nhw adael yr ysgol y pnawn hwnnw, roedd pedwar heddwas yn sefyll wrth giatiau'r ysgol. Roedden nhw'n disgwl am y tri bachgen Iddewig. Welodd Mme Philippe mohonyn nhw byth eto.

Mi steddais i am dros dri chwarter awr y pnawn hwnnw'n gwrando arni'n adrodd hanes un diwrnod o'i bywyd. Wrth i ni sgwrsio mwy am y cyfnod, mi dawelodd Mme Philippe. Nid y tawelwch hwnnw sy'n braf rhwng ffrindia – tawelwch swnllyd oedd yn ysu i rywun siarad. Tawelwch anghyfforddus o boenus. Roedd hi'n edrych ar ei hŵyr a'i hwyres oedd yn chwara hefo'u cacennau marzipan, yn ceisio denu'r adar bach i fyta'r briwsion.

'It's a pity we bring children into zis world.'

GWARCHOD PLANT: CONTRACEPTION GORA'R BYD

Yn ogystal â gweithio mewn asiantaeth ffasiwn, dysgu, gwarchod cathod, a gwneud amryw o 'swyddi' erill yn ystod fy nghyfnod ym

Mharis, mi fues i'n edrych ar ôl nifer fawr o blant. Dwi wastad wedi tynnu 'mlaen reit dda efo plant – maen nhw'n c'nesu ata i'n reit hawdd am ryw reswm.

Mi fues i'n gwarchod lot ar ŵyr ac wyres Mme Philippe fel y soniais, gan ddatblygu perthynas agos iawn hefo'r ddau fach – plant hawddgar, hollol gojyspojys, oedd yn addfwyn a chall am blant tair a phum mlwydd oed.

Ar ddechra gwylia'r Pasg, mi ofynnodd rhieni'r plant faswn i'n eu gwarchod nhw am un diwrnod o'r gwylia.

'Zeir cousin will be wiz zem too. Is zat OK?'

'Yeah, sure!' medda fi. Be 'di un plentyn arall!

Mi o'n i 'di clywad bod y cefnder bach 'ma, er ei fod o'n hyfryd a hoffus, yn dipyn o lond llaw, ac yn teimlo'r angen i ddringo pob dim, gan lwyddo i dorri rhwbath bob tro. Ond mi ges i'n magu hefo brawd bach swnllyd ac afreolus, a lwyddodd i dynnu dwy delyn am ei ben,

ac a yfodd nail
varnish remover
. . . Fydd hyn yn
ddim trafferth;
piece of piss,
meddyliais.

Roedd nain arall y
plant o gwmpas am y rhan fwya o'r bora, a phob dim yn mynd
yn grêt. Pawb yn lliwio ac yn ca'l bora bach hamddenol o chwara.
Am un ar ddeg, mi ddudodd y nain ei bod hi'n mynd i'r dref i 'neud
rhyw fanion a bod cinio'n y popty, ond y byddai hi'n ôl mewn hannar
awr, felly doedd dim angen i mi boeni amdano. Felly i ffwr' â hi, a
'ngadael i hefo'r tri o blant. C'mon Lara, you can do this, meddyliais.
Mi lwyddodd Mam am dros ddeng mlynedd i fagu tri ohonon ni
heb gatastroffi rhy ddrwg – fydd hi'n ddim problem, siŵr. Felly mi
steddodd y pedwar ohonon ni i 'neud ychydig o liwio.

Ar ôl rhyw chwarter awr, mi gododd y cefnder, Thomas, a mynd i
ista ar y llawr i chwara hefo'i geir bach. Mi oedd o i'w weld yn ddigon
hapus, yn tynnu ei gar bach ar hyd y teils a'i wylio'n llamu'n syth o'i
flaen i ben arall y stafell. Mi o'n i'n ddigon hapus nad oedd dim siawns
iddo greu helbul, ac mi es i'n ôl at fy nghampwaith lliwio hefo'r ddau
arall, tan i mi glywed llais bach . . .

'Lara . . . '

'Ouais?' medda fi, gan hannar troi fy mhen tuag at y llawr lle roedd
Thomas yn chwara.

Peidiwch â gofyn i mi sut lwyddodd y crinc bach i 'neud y ffasiwn beth, ond rhywsut, mi lwyddodd i ga'l y car bach yn sownd yng nghynffon y ci. Do'n i'm hyd yn oed yn gwbod fod ganddyn nhw gi! Mi es i lawr ar fy nghwrcwd ato a thrio datod y cwlwm. Na, doedd hynny ddim am weithio. Mi driais droi olwynion y car i'r cyfeiriad arall, ond wrth gwrs, wrth i mi ollwng gafael yn un ohonyn nhw, byddai'r olwynion yn chwyrlïo'n fwy o gwlwm hefo cynffon y ci. Mi gododd y ci, gan redeg o gwmpas hefo'r car maint llyfr yn sownd yn ei gynffon. Wrth iddo sylwi ar y pwysau anghyfarwydd tu ôl iddo, mi ddechreuodd redeg ar ôl ei gynffon, gan gylchu ei hun yn ddiddiwedd. Erbyn hyn, roedd y plant yn eu helfen yn gwylio'r ci digri, wrth gwrs, yn sgrechian a chwerthin yn uwch hefo pob eiliad. Mi driais roi taw arnyn nhw, ond yn y miri, mi ddudais i wrthyn nhw am 'gau eu pennau' yn hytrach na chau eu cegau, ac oherwydd hynny mi gynyddodd y chwerthin.

Ar yr eiliad berffaith honno, mi glywais dinc Skype ar fy laptop. Fy mam a fy chwaer. Mi bwysais y botwm-potal-dŵr-poeth bach gwyrdd i ateb yr alwad, yn meddwl y bysa un o'r ddwy'n medru fy helpu efo'r catastroffi, neu o leia dawelu'r sefyllfa ryw fymryn.

'Ma 'na gar yn styc yng nghynffon y ci, a dwi'n methu rhoi taw ar y plant!' sgrechiais ar y sgrin gan gystadlu â sgrechian y plant a oedd, erbyn hyn, wedi creu trên bach tu ôl i'r ci druan a'r car, ac yn rhedeg o gwmpas y tŷ.

Er siom i mi – ond falla nad oedd hynny ddim yn sioc chwaith – doedd fy mam a'n chwaer yn ddim help, ac mi o'n i erbyn hyn yn cystadlu nid yn unig efo ci oedd yn nadu mewn penbleth a thri o blant bach Ffrengig gwallgo oedd yn dallt dim o'r hyn ro'n i'n 'i ddeud, ond efo dwy ddynas yn glana chwerthin ar sgrin o dros y dŵr yn Felinheli hefyd.

Pan awgrymodd fy chwaer y dylwn i dorri cynffon y ci i ffwr', mi stopiais yn stond. Roedd 'na ogla llosgi. Mi redais i mewn i'r gegin, gan adael Mam a'n chwaer i fwynhau'r sioe plant a chi. Gyda fy llaw ar handlen y popty, mi agorais y drws a daeth cwmwl o fwg atomig du i 'nghyfarch.

Mi redais 'nôl at y plant fel iâr ar drana a gweiddi:

'THE HOOOOOUSE IS ON FIIIIIRE!!! CERWCH ALLAN O'R TŶ!!'

Pwy faga blydi plant! Mi gynyddodd y chwerthin a'r sgrechian, y tri yn llafarganu 'Oh la la, Lara!' Finna erbyn hyn wedi ymuno â'r trên o gi a char a phlant, yn teithio o amgylch y tŷ braidd yn ddigyfeiriad.

Wrth i mi drio 'ngora glas i ga'l y plant i le diogel yn yr ardd, mi fedrwn i weld silwét y nain drwy'r mwg yn rhyw stelcian o flaen y drws ffrynt. Cachu hwch.

Mi agorodd hi'r drws, a tasa hi'n medru mwy o Saesneg na 'Hello', dwi'n ama y bysa hi wedi dangos ambell ffor' liwgar o ddefnyddio'r

Fy playlist Ffrengig

Mae 'na soundtrack i bopeth y dyddiau hyn, ac yn arbennig i wahanol gyfnodau o'ch bywyd. Dyma oedd soundtrack fy Mharis bach i:

Charles Aznavour – La Bohème

Jacques Brel – Ne me quitte pas neu Les Flamandes

Brigitte – Coeur de Chewing Gum

Stromae – Tous les mêmes

Géraldine – Les Chattes

Dani – La fille à la moto

Françoise Hardy – Le temps de l'amour

Marie Laforet – Mon amour, mon ami

Serge Gainsbourg – Ballade de Melody Nelson

Barbara – Dis, quand reviendras-tu?

iaith fain i mi. Mi ollyngodd hi'r bagiau o'i dwylo a rhedeg tuag at y gegin. Mi glywais i ryw fymblo 'merde' a 'putain' o grombil y mwg, tra o'n i'n dal i drio bugeilio'r plant a'r ci a'r car i'r ardd.

Wedi i ni i gyd dawelu, ac i'r mwg ddechra diflannu, mi ddaeth y nain allan i'r ardd ac esbonio'i bod hi wedi rhoi'r cyw iâr dan y gril yn hytrach nag yn y popty. Hulpan. Reit, ges i get awê efo honna . . . ond doedd hi'n dal ddim yn gwbod am gynffon y ci.

Diolch byth, doedd dim rhaid i mi esbonio gan i'r plant chwydu'r hanes i gyd wrthi, a 'ngadael i'n ffugwenu yn y gobaith ei bod hi am fod yn ocê am y peth, ac am fadda i mi am greu'r fath gomosiwn yn ei thŷ.

Yr hyn dwi wedi ei ddysgu o'r anffawd hwn ydi: dwi ddim isio plant am amsar hir . . . hir iawn.

MYFYRIO AM GYFEILLGARWCH

Dwi'n meddwl bod gan bob merch ryw lond llaw o ferchaid maen nhw wir yn eu hedmygu. Mae gen i, yn bendant. Fy mam, fy anti, ffrind 'na i ddim ei henwi, a Mme Philippe. Ysbrydoliaeth oedd Mme Philippe. Wyddwn i 'rioed am unrhyw un na fyddai'n malio dim am 'barch'. Math o ddi-barch-parchus os liciwch chi. Droeon mi fyddan ni'n cerdded lawr stryd neu trwy barc, yn rhoi'r byd yn ei le mewn cymysgedd-boits o ieithoedd gwael, yn sgwrsio am ryddiaith fyddai Mme Philippe wedi'i chofio'n sydyn. Mi fyddai'n dyfynnu rhyw

frawddeg (y dylwn i ei gwbod) gan Shakespeare, neu Joyce, ac yna'n fy niawlio 'mod i ddim yn ei nabod.

Yn aml wrth i ni gerdded, ei choesau byr yn llawn pwrpas a'r plastar bychan ar gefn ei choes chwith yn rhedeg o 'mlaen, byddai fel pe bai ganddi radar-plant yn blincio yn ei llgada. Mi fyddai'n rhoi ei braich allan, gafael yn y plentyn a'i wthio o'i llwybr gan yngan, "Sgen plant dyddia 'ma ddim clem be 'di manars', yn Ffrangeg, yn amlwg. Do'n i'm yn siŵr be i'w 'neud y tro cynta . . . ond mi ddigwyddodd o leia bedair gwaith y pnawn cynta hwnnw: gwthio plant o'r ffor'; eu gwthio nhw i'r lôn. Yn fuan mi ddysgais mai ei ffor' fach hi o edrych ar ôl ei hun oedd hynny. Mae ganddi enaid ifanc ond mae'n llwyr ymwybodol ei bod hi'n hen. Roedd ganddi ofn disgyn.

. . . Finna'n rhyw fwmian rhifa yn rhywiol gan geisio peidio â swnio fel Cymraes yn siarad Ffrangeg.

CAFÉ 5

STOLLY'S

Coffi – 2€50
Bordeaux – 6€
Charcuterie – 13€
16 Rue Cloche Percé
Metro – Saint-Paul
Arrondissement – 4ème
Yn yr ardal – Hôtel de Ville, Châtalet, Place des Vosges,
Tŷ Opera'r Bastille

M entrwch i Stolly's os meiddiwch chi.
  Os ewch chi ar wefan TimeOut Paris, mi ddewch chi ar draws rhestr o 100 bar gora'r ddinas. Gan fy mod i a Julia'n llawn doethineb pot peint, mi benderfynon ni drio mynd i'r cant ond gan fod pres yn brin, a ninna dal heb ddigon o sens i roi brêc bach i'n iau bob hyn a hyn, dim ond 46 lwyddon ni i ymweld â nhw . . . sy'n dal yn dipyn o gamp yn fy marn i. Ac un o'r bariau lwyddon ni i fynd iddyn nhw oedd Stolly's – ogof o far tywyll, yn llawn tatŵs, testosteron a genod ifanc trawiadol sy'n amlwg ddim yn byta mwy na hadyn bob dydd. Bar sy'n

dipyn o ddeif am wn i,
lle mae'r Ffrancwyr a'r
estroniaid yn cyd-dynnu
a chlincio gwydrau – peth
prin yma. Dyma, fwy na
thebyg, fysa'r peth agosa i
fy local i ym Mharis.

Ca'l croeso bises (sef
swsys) gan y barman ar
bob ymweliad. Fynta'n
deud 'iechyd da!' wrth fy
nhemtio i â rhyw siot o vodka caramel nad oedd byth yn mynd i lawr
yn dda iawn. Mi oedd trip i Stolly's fwy neu lai wastad yn diweddu
hefo Julia a finna'n prynu bybl gym gan un o'r dynion bach niwsans
'na sy'n mynd o far i far yn trio gwerthu rhosod a rwtsh.

Yma yn Stolly's y dechreuodd traddodiad arbennig rhwng Julia a
finna. Bob tro y byddan ni'n mynd allan am dro, am goffi, i far, neu
am swper, mi fyddan ni'n mynd â'r llyfr bach 'ma hefo ni a chofnodi
unrhyw beth oedd yn gneud i ni chwerthin. Erbyn heddiw, mae'r
llyfr yn llawn petha dwi'm cweit yn eu cofio. Petha fel 'I don't know
what nationality Oompa-Loompas are', 'I'll pay you in chicken, 'cause
chicken is expensive', a'n ffefryn i – 'Facebook just wants to fuck
up your life' (o leia doeddan ni'm yn deud celwydd yn ein diod).
Yma hefyd 'nes i gyfarfod Julien am y tro cynta. Waw, mi o'n i wedi
ffeindio'r boi blewog, barfog, Ffrengig, bendigedig 'na o'n i 'di bod

yn chwilio amdano. Mop o wallt tywyll oedd yn rhyw gyrlio'n wyllt. Blaguryn o farf nad oedd cweit wedi ffurfio'n farf go iawn. Aelia cry' oedd yn fframio'i llgada a'r rheini'n rhyw hannar tynnu dy ddillad di i ffwr' yn y fan a'r lle. Blwmin ec, roedd o'n bish. Ac mi oedd o rywsut yn meddwl 'mod inna'n bishyn . . .

Bechod fod o 'di agor ei geg.

Ar ôl y cyfarfod cynta hwnnw'n Stolly's, mi ofynnodd i fi am fy rhif. Finna'n rhyw fwmian rhifa yn rhywiol gan geisio peidio â swnio fel Cymraes yn siarad Ffrangeg. Yn lle deud 'dim-saith-wyth-chwech-pedwar-pedwar' ac yn y blaen, ma raid i chdi ryw falu ciach hefo 'zero-sept, quatre-vingt-six, quarante-quatre' ac yn y blaen (dim-saith,wyth deg chwech, pedwar deg pedwar etc.). A phan wyt ti'n siarad efo gymaint o bishyn sy'n gneud i chdi anghofio dy enw, dydi hi'm yn hawdd cofio dy rif ffôn yn dy famiaith heb sôn am dy drydedd iaith. Ond mi lwyddais rywsut.

Dros yr wythnos ganlynol, mi 'nathon ni decstio ryw chydig, a chytuno i gyfarfod un noson am apéro bach. O'n i 'di bod ar amball ddêt, ond rhai do'n i'm wir isio bod arnyn nhw. Pobl gwrddais i ar Tinder, ffrindia'n trefnu ar fy rhan i, ac yn y blaen – neb oedd wir 'di ticlo'n ffansi. Ond mi oedd Julien wir yn rhywun oedd 'di codi blys arna i. Felly, es i ati i ymbincio . . . am tua dwy awr – fel dudodd hen gariad i mi, 'Ti'n treulio oria yn gneud i chdi dy hun edrych yn sgryffi'

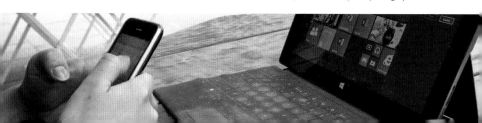

('nath y berthynas yna ddim para'n hir). Trio tua deg ffrog, 'mond i wisgo'r un gynta rois i amdanaf. Rhoi eyeliner ar un llygad, mynd ati i 'neud y llall 'mond i edrych fel taswn i 'di ca'l strôc, a mynd 'nôl a 'mlaen rhwng y ddwy gan ychwanegu mwy o eyeliner cyn penderfynu y bysa'n well i mi ailddechra. Y ffiasgo arferol i unrhyw ferch cyn dêt.

Eniwe, mi gyrhaeddais i'r bar tua hannar awr yn hwyr, a fan'na roedd o, yn gwenu arna i. 'Nes i ista, siarad siop ryw chydig am y siwrna ac ymddiheuro 'mod i'n hwyr gan fod 'y metros yn cambihafio' . . . Mi gawson ni lasiad o win yr un; fo'n dewis drosta fi, ddim achos nad o'n i'm yn gwbod be i'w ddewis, ond achos 'mod i isio iddo fo feddwl ei fod o'n fy helpu fi.

Felly, dau berson ifanc ar ddêt gynta . . . am be ti i fod i siarad? Mae 'na, meddan nhw, ryw restr o 35 cwestiwn sy' 'di ca'l eu profi i fod 'y ffordd wyddonol' o ga'l rhywun i ddisgyn mewn cariad efo chdi . . . ond 'nes i'm gofyn rheini.

Fi: So what d'you want to do with your life?

Julien: Well, not much really. I think the best career would be to sell dope.

Fi: Excuse me?

Julien: You know, green. Weed.

For fuck sakes. Yr unig ddêt o'n i 'di bod isio'i cha'l ers cyrraedd Ffrainc, ac mae hi hefo prentis gwerthwr cyffuriau!

Mi rois i glec i'r gwin yn reit handi, gan anwybyddu'r faith 'i fod o'n dal i siarad.

'Right,' medda fi.

'Back to mine?' medda fo.

'We bloody well won't!' medda fi . . . na, 'nes i ddim. 'Nes i ryw fwydro bod rhaid i fi fynd adra i weithio.

'Oh, OK, well, this weekend?'

'Ummm . . . Maybe. I'm really busy, you know,' atebais i, yn meddwl am yr holl betha fysa'n well gen i eu gneud na threulio awran arall efo Snoop Dogg yn fan'ma.

Fyswn i 'di medru'i gadael hi'n fan'na. Chwerthin ac anghofio am y peth, tasa'r twit ddim 'di ca'l y bôls i dalu, ac wedyn rhoi'r newid i fi! Fo'n talu am ddau ddiod, ac wedyn yn rhoi gweddill yr arian i fi fatha taswn i'n elusen. O'n i'n teimlo fatha rhyw blydi esgort. O'n i'n lloerig. 'Nes i godi a cherdded o 'na heb ddeud 'Ta-ta'. Am goc oen! Wedi deud hynny, ella 'mod i wedi sôn wrtho 'mod i'n sgint, a'i fod o jest yn trio bod yn glên. Ond fyswn i'n dal ddim isio ei bres drygs budr o.

TRAFOD FY NGHEINIOGAU (PRIN)

Fel Cymry, mae gynnon ni lot o ryw dabŵs – petha sy', yn fy marn fach bitw i, ddim yn ca'l eu trafod ddigon. Un o'r prif betha ddaeth yn amlwg i mi yn y misoedd cynta yn Ffrainc oedd y parodrwydd i drafod pres. Mi oedd hi'n sioc ryw bnawn Sadwrn, ar ôl gêm Cymru'n erbyn yr Alban ym Mhencampwriaeth y Chwe Gwlad, i mi orfod ateb y cwestiwn, 'Felly, faint ti'n ennill?'

Do'n i'm yn gwbod sut i ateb, ac mewn gwirionedd, 'nes i ddim. Do'n i'm isio. 'Nes i osgoi'r tabŵ drwy ddeud, 'Well, that's not a question you'd hear in Wales', efo'r edrychiad 'Rhag dy gwilydd di'n gofyn ffasiwn beth' ar fy ngwyneb. Do'n i heb arfar efo'r fath onestrwydd; hefo siarad plaen am bres.

Dwi'n sgint, hollol sgint, a dwi wir ddim isio deud wrth neb faint dwi'n 'i ennill . . . neu ddim yn 'i ennill.

Mi ges i wythnos gyfa pan o'n i'n methu fforddio prynu bwyd, a gan fod yr wythnos flaenorol wedi bod bron yr un mor dlawd, mi oedd pob cwpwr' yn wag. Fytais i ddim byd ond couscous am wythnos. Mi wnes i hefyd ddwyn darn o bysgodyn o rewgell fy nghyflogwyr un tro a'i gario fo adra ar y metro, a hwnnw'n dadmar yng ngwaelod fy

handbag i. (Wel, mi *o'n* i'n ca'l cymryd bwyd a deud y gwir, ond ei bod hi'n gneud stori well fel yna.) Mae 'na ryw freuddwyd ramantaidd am fod yn dlawd ym

Ro'n i'n gwario tua 193€ y mis ar goffis . . .

Mharis; gallu byw ar ddim ond bara a gwin a bod yn hapus. *Mae* 'na ryw wirionedd i hynny. Roedd gen i ffordd o fyw siampên ar incwm lemonêd, a chwara teg i fi, heblaw am yr wythnos honno, fuodd hi 'rioed yn ben set arna i.

Ond mae'r Ffrancwyr yn fwy na pharod i drafod pres, gofyn be 'di cyflog rhywun, cwyno am gyfloga cyd-weithwyr; pob dim 'dan ni'r Cymry ddim ond yn fodlon hel clecs amdanyn nhw. Felly . . . i chi sy'n

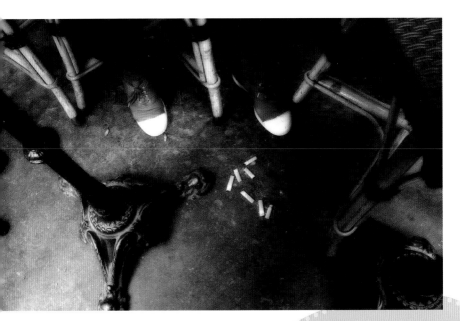

mwynhau clecs, ac i unrhyw un 'nath 'rioed ofyn: mi o'n i'n ennill 75 ewro'r wythnos drwy warchod plant, ac 80

ewro'r wythnos yn dysgu. Cyfanswm cyfartalog o 620€ y mis . . . rhai misoedd rhyw 200€ – 400€ yn fwy drwy weithio yn y Showroom, neu drwy chydig o sgwennu neu warchod . . . ond mi fysa hwnnw fel arfar yn ca'l ei gadw at benblwyddi, Dolig etc . . . neu dyna o'n i'n ddeud wrth Mam.

Ond pan wyt ti'n meddwl bod bwyd tua 60€ yr wythnos, a bod pedair wythnos mewn mis, mae hynny'n 240€ y mis.

Baco bob mis: 44€

Un noson allan: 80€

Coffis: 192€70 – mae hyn yn swnio'n uffernol, ond pan ti'n sylweddoli fod coffi (latte) ar gyfartaledd rhwng 3€20 a 5€, mae'n dod i 4€10, a gan amcangyfrif 'mod i'n ca'l un neu ddau goffi bob diwrnod mewn caffi, ac amball un arall ar ben hynny, mae'n dod i tua 47 coffi'r mis.

Wedyn, ti isio gwario ar fynd i amball ddigwyddiad bob mis, galeri, y petha bach ti eu hangan yn y fflat fel petha llnau, prynu gwydra ar ôl i dy rai di dorri, talu'n y launderette, talu am stamps ac am anfon petha adra. Yn syml, doedd gen i'm pres . . . ond doedd o byth yn broblam . . . wel, *bron* byth.

Ro'n i'n cerdded o fflat Fanny, fy ffrind, un noson (ro'n i'n methu ei galw hi'n Fanny am o leia chwe mis gan 'mod i'n ca'l y gigls bob tro), ar ôl iddi gynnal parti Pasg pen-i-blydi-gamp lle gaethon ni i gyd, 'oedolion cyfrifol', beintio wya Pasg a cha'l helfa drysor wya siocled. Mi o'n i wedi gorfod ymddiheuro 'mod i'n methu mynd 'mlaen hefo'r criw o ffrindia i far gan nad oedd gen i ddim ffadan beni i'w gwario. Mi oedd pawb yn dallt. Toeddan ni i gyd yn 'artistes' tlawd yn trio byw'r freuddwyd fohemaidd ac wedi bod yn yr un cwch? Mi ddudodd pawb y bysan nhw'n cerdded efo fi i'r metro gan ein bod ni mewn ardal lle fysa gwên ran amla'n ca'l ei chyfarch hefo dwrn; a gan fod fy track record i o ga'l fy mygio ddim yn grêt, mi o'n i'n eitha balch o'r cynnig.

Wrth i ni gerdded a giglo'n wirion am sut y bu i un o'n ffrindia fynnu 'i fod o'n ca'l rhoi gwgli eyes ar bob wy a beintiwyd, mi stopiodd

pob un ohonon ni'n stond wrth glywed Alice yn sgrechian a'i gweld yn tynnu Fanny i'r llawr.

'Aaaaaaaaaaaah. Waaaaaaah. AAAAAAAAHHH!'

'Alice, what the duck?' gofynnodd Chris, ei chariad.

'AAAAAAAH! I've found 80€ on the floor!'

Mi edrychon ni i gyd o'n cwmpas, yn holi llgada pawb ar y stryd oeddan nhw wedi colli'r arian, ond doedd 'na ddim ymateb gan neb . . . felly . . . es i ddim adra. Mi brynodd Alice siampên i ni i gyd. Roedd pob diferyn yn felysach nag unrhyw siampên i mi'i ga'l o'r blaen – o bosib achos 'i fod o'n siampên rhad, ond o bosib achos 'i fod o'n siampên yng nghwmni ffrindia na fysan nhw, fwy na thebyg, ddim yn yr un lle byth eto. Eiliada cha i fyth mohonyn nhw'n ôl. Un o'r nosweithia 'na fysa wedi bod yn grêt ym Mangor, ond gan fod 'na ryw ddirgelwch rhyfeddol yn perthyn i Baris, bydd y noson honno'n un fydd wastad yn aros yn y cof.

TRO O AMGYLCH Y BARIAU

Le Silencio – 142 Rue Montmartre, 75002 **$$$** – Bar, llyfrgell, sinema, clwb – mae Le Silencio yn brofiad bythgofiadwy! Os byddwch chi rywbryd yn ddigon ffodus i stwffio trwy'r ciw o it-crowds a wanna-be-it-crowds, a mynd heibio'r wal o fownsars tu allan i'r drws eitha di-ddim, mi gewch chi fod yn un o griw bach dethol fedrith ddeud eu bod nhw wedi ca'l profi breuddwyd David Lynch. Ogof ddanddaearol sy'n llawn rhyfeddoda: dynion barfog, pishyns i gyd, yn creu'r coctels mwya anhygoel, a choedwig-aur-cum-smoking-room ar y llawr gwaelod.

Aux Folies – 8 Rue de Belleville, 75020 $ –

Yng nghrombil bwrlwm Belleville, drws nesa i strydoedd cul llawn lliw a chelf stryd, mae Aux Folies wedi dod yn dipyn o

Petit déjeuner en terrasse et soirées musicales.
Le café "Aux Folies Belleville" est un ancien cabaret situé dans le 20e arrondissement de Paris. La brasserie est placée dans l'ancien bar du cabaret, également passé entre les mains du cinéma, c'est aujourd'hui une brasserie typiquement parisienne.
— www.aux-folies-belleville.fr

sefydliad ymysg ieuenctid Paris. Boed nhw'n gerddorion yn dod i drafod gigs dros goffi, neu'n ffrindia'n cwrdd am apéro ar ôl gwaith, dyma'r lle i fod i amsugno'r haul dros beint rhad neu ddau. Ac mae 'na wastad hen gono mewn congl sy' wrth ei fodd yn ca'l ei fwydro.

Le Perchoir – 14 Rue Crespin du Gast, 75011 $$ – Os ewch chi tu hwnt i waliau llwm y stryd a thrwy'r fynedfa ddi-ddim i fyny'r grisiau ('swn i'n argymell cymryd y lifft), mi gyrhaeddwch chi far ar y to sy' ymysg y gora'n y ddinas. Gyda'i olygfa hollol odidog o Montmartre a thu hwnt, coctels a chwrw o bob cwr o'r byd, a chrysa difyr y dynion tu ôl i'r bar, does 'na'm rhyfedd fod Le Perchoir yn prysur ddod yn bair i bobl o bob oed gymysgu dros ddiod.

Le Mauri7 – 46 Rue du Faubourg Saint-Denis, 75010 $ – Yn ôl y boi aeth â fi am ddrinc yma, mae Le Mauri7 yn ca'l ei redeg gan y Maffia . . . Fedra i'n amlwg ddim cadarnhau hyn, ac o 'mhrofiad i, does 'na ddim arwydd o galedwch na chraster y Maffia ar gyfyl y bar. Yn rhyfeddol o groesawgar a chynnes o'i gymharu â mwyafrif bariau'r ardal, mae Le Mauri7 yn llawn tat a kitsch fyddai'n fwy tebygol o ga'l ei weld mewn pentref bach ym mynyddoedd de Ffrainc yn yr 80au hwyr.

La Fourmi – 74 Rue des Martyrs, 75018 $$ – Un o'n hoff fariau i, sydd dafliad carreg o theatr enwog y Moulin Rouge. Bar ffwrdd-â-hi sy' wastad yn orlawn. Mae'r diodydd yn rhesymol, felly ewch am beint a gêm o bêl-droed bwrdd, neu i edmygu'r chandelier odidog yng nghanol y stafell a honno'n un sy' wedi'i gneud yn llwyr o hen boteli.

Le Bar Dix – 10 Rue de l'Odéon, 75006 $ – Os 'dach chi ddim yn ffan o sangria . . . wel . . . 'rhoswch adra. Mewn ogof odidog (a thamp), mi gewch chi'ch hudo yn ôl i'r blynyddoedd gwallgo a cha'l hen ddyn bach tew efo mwstásh yn arllwys sangria – a dim ond sangria – i jwg teracota i chi a'ch ffrindia ei rannu i gyfeiliant jiwcbocs llawn danteithion o'r oes a fu.

Le Piano Vache – 8 Rue Laplace, 75005 **$** – 'Swn i'n medru deud mai'r rheswm y gwnes i a'n ffrindia fentro yma'n wythnosol oedd oherwydd mai hwn oedd fy hoff far, ond mewn gwirionedd, roedd o rownd y gornel o dŷ cyn-gariad ac felly roedd gen i le i grasho yn hytrach na cha'l tacsi . . . ond 'blaw am hynny, mae Le Piano Vache yn rêl deif. Y waliau yn un sbloetsh o bosteri gigs, llunia pasbort bach wedi eu plastro ym mhob man (fedrwch chi fy ngweld i!) a soffas di-sbring ym mhob cornel. Miwsig 'neith eich cymryd chi'n ôl i'ch arddega, ac ar nos Lun mae 'na fand jazz sipsi i'ch diddanu. Peints rhad, a chofiwch drio'r Picon! Hefyd, dyma un o hoff fariau Johnny Depp yn ôl y sôn . . .

Julia yn mwynhau . . .

Le Bloc – 21 Rue Brochant, 75017 **$$** – Yn ystod y dydd, mae Le Bloc yn llawn mamau Bobo sy'n gwario pres eu gŵyr, yn ciniawa, a bronfwydo'u bambinos. Bwydlen syml sydd yma, ond mae Le Bloc yn profi nad ydi symlrwydd yn golygu bwyd gwael. Gyda'r nos, mae Le Bloc yn cael ei drawsnewid i fod yn un o fy hoff fariau i. Mae 'na naws fwy pentrefol iddo na mwyafrif bariau cŵl Paris. Mae pawb un ai'n gweithio yn y cyfryngau, neu'n smalio eu bod nhw, felly mi fasa'r Cymry yn gartrefol yma! Cwrw drafft da, a choctels di-ri heb fod yn rhy ddrud. Ewch yno'n gynnar i allu ca'l sedd ar y teras lliwgar.

GWLEIDYDDIAETH PIDLAN FFRENGIG

Rhannu rhifa ffôn ar Tinder. Paid â deud dim. Ti'n cytuno. Ti'n gwbod o brofiad. Paid â dadla efo'r rhain. Mi 'neith o dy decstio di bob awr. Bob hannar awr. Ti'n ymateb bob dwy. Sws yn llai na faint roddodd o ar ddiwedd y tecst bob tro. Ti'n gneud iddo redag. Mae Ffrancwyr yn licio chwara.

Mae'n gofyn am ddêt. Ti'n deud 'Na'. Mae o'n deud 'Plis'. Ti'n mynnu – 'Na'. Mae'n gwbod fod 'Na' wir yn golygu 'Ia'. Mae'n gofyn eto. Y 'Na' yn troi'n 'Ella'. Mae hi'n ddydd Mercher. Ti'n bôrd. 'Iawn.' Fory? Am wyth? Café Central? 'À demain.'

Mae'n tecstio bob hannar awr. Chwartar. Atgoffa chdi'n lle. Pryd. Mae hi'n saith. Ti'n dy nics. Dal i beintio dy wyneb. Paid â'i gor-neud hi. Dwyt ti ddim am ymddangos yn cîn. Achos dy fod di'n cîn.

Ti'n barod. Ti'n ista ar y metro yn llgadu pob merch. Ti'n edrych fel Ffrances eto? Ti ddim. Ti'n cyrraedd pen y daith; agor y drws cyn i'r trên ddod i stop. Ti'n camu ar y platfform, dy droed yn brwsio'r llawr. Ti'n nabod y drefn.

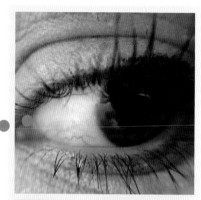

Ti'n cyrraedd Central ac yn edrych amdano. Pwy ydi o? Pa un? Ti'n cysidro cymryd drinc. Ydi hynny'r ffor' Ffrensh? Ti'n gwbod nad ydi o ddim. 'Ydw i i fod i'w ffonio?' Ti'n gneud . . . Dring . . . Dring . . .

Chwartar awr. Hannar. Ti'n cymryd drinc. 'Lle ddiawl mae o?' Ti'n gyrru tecst. Ding. 'J'arrive.'

Mae'n cyrraedd. 'Dwi'n sori.' (Ffrancwr ydi o.) Ti ddim. 'Ti 'di ca'l diod?' Pam 'nest ti hynny? Mae'n ista. 'So you're English?' Ti ddim. 'Same thing, non?' Ca'l

diod. 'Pinte de blonde s'il vous plaît.' Ti'n sgwrsio. 'Di o ddim. Rhyw. Crefydd. Gwleidyddiaeth.

'Dwi'm yn licio Le Pen. Pen bach. Mae Paris yn boddi. Môr o fewnfudwyr.' Ti'n newid y pwnc. Rhyw. Crefydd.

'Dwi'm isio priodi. Dwi isio plant.' Codiad ffyddlon. Mae'n Ffrancwr. Be ti'n ddisgwl? Mae'n codi. Mynd halfs. 'Chez moi?' Duw, ocê.

Fflat neis. Ti'n synnu. Ardal ddrud. Mae'n sgint. Ti'n ista. 'Tu veux boire quelque chose?' Gwin coch. ''Sgen i ddim.' 'Neith rwbath.

Mae'n ista. Mae'n agos. Gwin gwyn. 'Sna'm siarad. Mae'n cyffwrdd. Be am sgwrs?

Fawr o deras ond cyrchfan
hipsters ac ambell 'souris' …

CAFÉ 6

CHEZ PRUNE

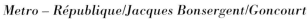

Coffi – 2€
Bordeaux – 4€90
Charcuterie – 14€
36 Rue Beaurepaire
Metro – République/Jacques Bonsergent/Goncourt
Arrondissement – 10ème
Yn yr ardal – Canal Saint-Martin, Sgwâr République

Mae'r gwanwyn bob amsar yn newid Paris. Yn amlwg, mae'r tymor yn newid popeth, ym mhob man, ond bod hyn yn amlycach ym Mharis yn fy marn fach dila i. Nid am fod y coed yn blodeuo, neu fod yr haul yn cadw oed â'r cysgodion am y tro cynta. Mae'n amlycach ym Mharis gan fod pawb yn heidio i'r terasau ar yr awgrym cynta bod y gwanwyn ar ddod.

Alla i ddim dechra esbonio pa mor oriog ydi'r tywydd yma. Mi a' i allan yn y bora mewn rhyw ffrog fach fflownsi, heb gôt nac ymbarél gan fod yr haul yn t'wynnu, ac erbyn hannar dydd mi fydd yr awyr

wedi'i hollti gan fellt a thranau, gwynt a glaw. Mae'r tywydd ar dop y rhestr o 'nghas betha i am Baris.

Felly, pan fydd yr haul *yn* penderfynu deud 'Helô', mi awn ninna allan i'w groesawu. 'Di hynny ddim i ddeud nad ydi'r terasau yn llawn trwy'r tymhorau i gyd, ond eu bod nhw'n amlwg yn brysurach yr adeg yma o'r flwyddyn; y rhesi ychwanegol o gadeiria a phobl wedi'u hymestyn hyd cae ar y palmentydd. Tasach chi'n treulio pob diwrnod o'ch bywyd ar y teras ym Mharis, ym mhob caffi, bar neu fwyty, mi fysa hi'n cymryd 26.8 o flynyddoedd i chi ymweld â phob un. Mae 'na chydig dros 9,000 o derasau yn y ddinas, a'r ffigwr yma'n cynyddu bob blwyddyn.

Does dim teras traddodiadol yn Chez Prune ond mae 'na'n

122

llythrennol dorf o bobl ar y palmant. Dyma lle mae'r hipsters yn
heidio i ddangos eu croen i'r haul. Mae'n gas gen i labelu a defnyddio
geiriau fel 'hipster', ond does 'na'm gair gwell. Cleientél arbennig
sy'n llawn cyffro ifanc – tân yn eu bolia, ac yn ysu am ga'l sgyrsiau
ffugddeallusol gan ddyfynnu rhyw fardd heb wbod mwy amdano na'r
llinell fach bitw honno ddudodd rhyw hipster arall wrthyn nhw ryw
noson. Pobl sy'n licio meddwl eu bod nhw chydig yn wahanol ond i
gyd yn edrych 'run fath. Dwi ddim yn eu bychanu nhw. Ddim o gwbl.
Fysa rhai'n dadla 'mod i'n disgyn i'r categori yma . . . rhwla ar gyrion
y categori . . . fi a fy ear cuff, crop top, jelly-shoes arian a modrwy
pen ceffyl, sy'n licio trafod ystyr bywyd gan ddyfynnu o *Thus Spoke
Zarathustra* er 'mod i ddim ond 'di cyrraedd tudalen 6 . . . ocê . . . dwi
yn hipster.

Hipsters are a subculture of men and women typically in their 20s and 30s that value independent thinking, counter-culture, progressive politics, an appreciation of art and indie-rock, creativity, intelligence, and witty banter.

Nos Fercher oedd hi pan ddes i yma gynta; noson oer, dra gwahanol i'r gwanwyn dwi 'di dod i'w gysylltu â Chez Prune. Cyfarfod munud ola, am tua hannar 'di deg y nos, hefo golygydd rhyw gylchgrawn oedd yn addo'r byd i mi, ond gwastraff amsar oedd y cyfan. Roedd y boi mor ddefnyddiol i gylchgrawn ag y bysa mydfflaps ar roced. Crinc o foi, fel fysa Dad yn ei ddeud. Ar ôl iddo dreulio oria'n drysu 'mhen am ryw erthygl bonslyd, welis i 'rioed liw tin y cylchgrawn . . . crinc!

Mi steddon ni yno tan amsar cau, yn cymharu profiada am 'Beth oedd bod yn estron mewn dinas fel Paris' – testun rhifyn diweddara'r 'cylchgrawn' – ac yna'n trafod 'Be ydi gwir ystyr cynnydd?'

Mi archebodd o Pastis, diod sy'n codi cyfog arna i gan f'atgoffa o gyfnod pan oeddwn yn llyncu siots o sambuca mewn partïon dan oed. Mi gymerais i lasiad o goch. Mi steddais am chydig yn ei wylio'n tywallt mymryn o ddŵr o'r caráff i'r gwydraid o hylif anisîd. Pob diferyn o ddŵr yn troi cynnwys tryloyw'r gwydr yn

Llun bach o Zarathustra . . .

wynnach a gwynnach, fatha rhyw gymylau yn meddiannu'r dŵr.

Wrth i ni ista yno, yn parablu a chogio'n bod ni'n dallt ein gilydd yn siarad, mi drodd ata i a deud, 'Oh, hey, look,' a phwyntio tuag at gyfeiriad fy nhroed chwith.

Dwi ddim yn berson melodramatig. Wir yr. Ond mi drois i'n rhyw hogan fach dair blwydd oed oedd newydd golli gêm o snap. Sgrechian fel tasa 'na ddyn gwallgo newydd dorri 'nhroed i ffwr' dan y bwr'. Sgrechian fel tasa 'na fabŵn yn gafal mewn bwyall newydd redag i mewn i'r caffi.

Ll'godan fach oedd 'na.

Callia, Lara.

Mi oedd pawb yn sbio arna i.

'Souris,' medda fi, 'Souris,' gan drio argyhoeddi'n hun fod ll'godan fach yn haeddu'r holl ffŷs. Mi drodd y boi ata i: 'Lara, why are you telling everyone to smile?'

Mae'n debyg bod y gair am 'gwena' a 'llygoden' yn swnio'n debyg iawn . . . yn enwedig mewn acen Ffrengig-Gymreig.

Mi adroddais i'r hanes wrth fy ffrindia yr wythnos ganlynol, a phawb yn synnu mai hon oedd y ll'godan gynta i mi ei gweld. Mae 'na bedair gwaith yn fwy o lygod ym Mharis nag sy' 'na o bobl, meddan nhw. Bron i wyth miliwn o lygod yn cropian o dan a rhwng ein traed bob dydd. Ac mae'r arbenigwyr i gyd yn deud bod Paris yn nefoedd iddyn nhw, oherwydd afon Seine yn bennaf, ond hefyd oherwydd y camlesi.

Cofiwch

sourire = gwên
souris = llygoden

Do'n i ddim isio cl'wad hyn gan fy mod i wrth fy modd yn ista wrth gamlas yn yr haul, fel arfar yn cydio mewn potal fach o gwrw. Un (neu bump) o'r poteli bach 'na sy'n anarferol o fach i ni, y Cymry, ac sy' wastad yn f'atgoffa i o wylia pan brynodd Dad siandi ar ddamwain yn Leclerc a gadael i ni'r plant ga'l potal fach yr un efo swper bob nos.

Mae 'na dair camlas ym Mharis: Canal Saint-Martin, Canal Saint-Denis a Canal de l'Ourcq. Mae'n bosib i chi weld Canal Saint-Denis

wrth deithio o faes awyr Charles de Gaulle, neu
wrth ddal y trên i weld gêm yn y Stade de France.
Mae'n gamlas eitha hyll mewn gwirionedd. Canal
de l'Ourcq ydi'r fwya, ac mae'n ymestyn am
filltiroedd i'r tir gwyllt tu allan i ffiniau Paris, ond
yn cychwyn yn yr un man â Canal Saint-Martin yn
y Bassin de la Villette. Rhyw fath o lyn artiffisial
ydi'r Bassin de la Villette, ac mae'n ardal hyfryd
i fynd am dro dow-dow ar bnawn braf. Mi
gyflwynodd Siân, fy ffrind, fwyty anhygoel i mi
yma, Le Pavillon des Canaux – bwyty sy'n edrych
ac yn teimlo'n fwriadol fel tasach chi'n cerdded i
mewn i dŷ rhywun. Mi gewch chi hyd yn oed ista
yn y bath efo'ch mêt a rhannu potel o win, os
ydach chi isio, neu ga'l pryd o fwyd efo'ch nain
yn y gwely. Dwi'n sylweddoli ei fod o'n swnio'n
boncyrs, ond mae'n wir werth mynd yno. Mae'r
hipsters yn heidio yma, y stiwdants i gyd yn dod
i adolygu ar feincia, a'r hen bobl i gyd yn dod i
ddal dwylo ar y glanna.

Mae'r gamlas rhwng dwy stryd sy'n llawn
caffis, siopau a bariau. Dwi'n cofio mynd yno
un pnawn hefo Julia a hitha'n mynnu'n bod ni'n
ca'l pizza er ei bod hi'n gwbod yn iawn 'mod i'n
lactose intolerant ac yn diodda o

Canal St-Martin
ger Chez Prune

irritable bowel syndrome, ac y bysa caws 'di toddi, mwy na thebyg, yn toddi 'nhu mewn i. Mi aeth hi â fi i'r lle pizza bach 'ma. Dyma hi'n ordro pizza llawn anchovies er 'mod i'n casáu'r diawliad bach, ac yna'n troi ata i a deutha fi am fynd i ista wrth y gamlas efo'r balŵn pinc 'ma gafodd hi gan ddyn y siop, tra oedd hi'n mynd i brynu gwin. Doedd gen i'm clem be oedd yn digwydd. Finna'n cerdded fatha ffŵl yng nghanol yr holl hipsters 'ma, yn cario balŵn hiliym pinc, yn edrych yn hollol wirion os dwi'n onast. Ond wrth godi 'mhen wedi i mi ista a setlo wrth y dŵr, mi welais i ddwsinau o falŵns pinc ar hyd y glanna. Ymhen rhyw chwarter awr, mi gerddodd 'na ddyn ata i hefo pizza yn ei law. 'Mond ym Mharis gei di'r fath wasanaeth!

Mae Julia'n hoffi balŵns!

■ Llyfra. Llyfra. Llyfra. Boed nhw'n glasuron neu'n llyfra teithio, mae'u hangan nhw ym mhob twll a chornel. A chofiwch arddangos y llyfra del. Dyna pam mae llyfra bwrdd coffi yn cael eu cyhoeddi.

■ Os nad oes lle tân, gosodwch silff ben tân ar y wal gyda phlanhigyn neu bapur wal cŵl yn y canol. Gosodwch gregyn, hen gamerâu a thrugaredda bach difyr ar y silff.

■ Rhowch ddrych uwchben y silff ben tân ac arddangos llunia bach, hen dicedi gigs a gwyliau, a cherddi neu ddarna digri o gylchgronau o'i amgylch.

■ Cadwch y dodrefn yn syml ond yn drawiadol. Eames chair las drws nesa i gadair esmwyth felen. Soffa syml lwyd a dodrefn gwyn.

■ Gosodwch bosteri neu ddarna o gelf ar y waliau, ond mae'n rhaid iddyn nhw ga'l eu fframio. Mae'r petha bach yma yn gneud gwahaniaeth.

■ Gwnewch yn siŵr fod 'na floda yn y fflat bob amsar.

■ A beth am roi gitâr neu biano'n rhwla, jest i ddangos eich bod chi'n gallu bod yn greadigol . . . ambell waith?

Y Bobos a'r cyflogau mawr . . .

CAFÉ 7

LA PALETTE

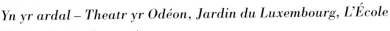

Coffi – 6€
Bordeaux – 9€
Charcuterie – 14€50
43 Rue de Seine
Metro – Mabillon
Arrondissement – 6ème
Yn yr ardal – Theatr yr Odéon, Jardin du Luxembourg, L'École
Nationale des Beaux-Arts

Os cerddwch chi chydig funudau o Saint-Michel tuag at y Seine, mi ddewch chi ar draws sgwâr bychan, a dyma lle mae caffi La Palette. Mi oedd o, yn ôl y sôn, yn un o hoff gaffis y cerddor a'r canwr anhygoel, Jim Morrison. Mae'r teras o'i flaen ymysg yr enwoca ym Mharis gyda'i wyrddni a'i floda. Maen nhw'n rhyfeddol o drawiadol yng nghanol llwydni'r ddinas. Anaml iawn y medrwch chi lwyddo i ga'l sedd ar y teras gan fod mwyafrif y seddi'n ca'l eu cadw ar gyfer pobl piwsig, piwsig, chwedl Plwmsan. Mi welais i Jacques Chirac yno un

diwrnod, ond wnes i ddim ei nabod o tan i ffrind dynnu sylw ato wrth iddo gerdded heibio.

Mewn gwirionedd, mi oedd hi'n wirion 'mod i'n mynd yno mor aml. Mi fysa glasiad o win yn costio tua 9€ i mi, a choffi yn 6€. Am bris! Ond mi oedd bod yno yn gneud i fi anghofio am ba mor dlawd o'n i, ac am y fflat fach gachu oedd gen i'n disgwl amdana i, ac mi oedd o'n gyfla i wisgo colur jest rhag ofn i fi ffeindio'r milionêr 'na oedd isio 'mhriodi i . . .

Yn y bar ym mlaen La Palette, mi welwch chi'r waiters i gyd yn heidio wrth y poteli a'r peiriant coffi, yn eu gwasgodau duon a'u bratiau gwynion. Dydyn nhw ddim y waiters clenia'n y byd, o na, ond pan mae gynnoch chi bobl yno sy'n fodlon gwario 500€ am ginio i bedwar, tydi fy un latte bach i ddim am ddenu lot o sylw, nac'di? Mi fues i yno un pnawn hefo Julia, ca'l tri choffi yr un, ac mi ddaeth y bil i 36€. Jest am goffi! 'Sa'n gneud Taid yn sâl i feddwl fy mod i'n wastio ffasiwn bres ar gaffîn.

Os ymlwybrwch chi ymhellach i mewn, mi ddewch chi i'r stafell fwya, sy' wedi'i gorchuddio â hen ddrychau, mosaics o'r 30au, paentiadau o enwogion, a darnau celf adnabyddus. Mi ydach chi'n teimlo eich bod chi'n cerdded 'nôl mewn amsar i'r Oes Aur fohemaidd ym Mharis lle bu Braque, a chyn hynny, Cézanne, yn llowcio eu coesau llyffant mewn garlleg (does 'na neb byth yn byta coesau llyffantod heddiw gyda llaw). A heddiw, hefyd, 'mond crème de la crème cymdeithas sy'n dod i La Palette – heblaw fi a Julia, wrth gwrs!

A dyma lle ddes i ar draws y Bobos. Tydi o ddim yn derm sy'n ca'l ei ddefnyddio yn y Gymraeg na'r Saesneg, ond os edrychwch chi mewn geiriadur Ffrangeg, diffiniad y gair ydi: 'A person having both the values of the counterculture of the 1960s and the materialism of the 1980s'. Yn syml, person bourgeois bohemaidd – dau ddosbarth na fysa'r un ohonon ni'n disgwyl eu rhoi at ei gilydd, ond ym Mharis, mae o'n bod. Mae'r term yn ca'l ei ddefnyddio i ddisgrifio'r math o berson sy' â chyflog o 50K+ ond sy'n siopa yn Primark ambell waith er mwyn edrych fel tasan nhw ddim yn malio am bres. Person sy'n deud na fedri di fyth alw dy blentyn yn ffrind, ond yna'n ymbil ar eu plant i ddeud popeth wrthyn nhw. Person fysa'n prynu moron yn Lidl, ond caviar o Harrods. Person sy' wedi derbyn addysg dda, sy'n honni bod yn greadigol ac eangfrydig ond eto'n fodlon gneud unrhyw beth i gyrraedd ei botensial o fewn hierarchaeth. Y math o berson

fysa'n deud: dydach chi'm yn byw ym Mharis os ydach chi'n byw mewn fflat Haussmannaidd. Yn syml . . . snob trendi.

Un o fy hoff betha i am La Palette ydi'r ffor' mae'r byrdda, erbyn un ar ddeg y bora, wedi eu gosod yn berffaith yn barod ar gyfer amsar cinio; pob gwydr yn pefrio'n erbyn y llieiniau gwynion yn yr haul. Mi ddysgais yn La Palette (ac mae hyn yn wir hefyd am y mwyafrif o gaffis Paris), os steddwch chi wrth fwrdd sy' wedi'i osod ar gyfer cinio ond eich bod chi ddim ond isio panad neu ddiod, y bydd yn rhaid i chi symud yn reit sydyn i fwrdd arall sy' heb ei osod. Byrddau yn y llefydd lleia pleserus ydi'r rhain ran amla, yn wynebu wal, neu reit wrth y lle chwech.

'Nôl yng Nghymru, fi sy' wastad yn ca'l y job o osod y bwr'. Dwi'm yn siŵr iawn pam. Mam yn cwcio a gweiddi fod 'na neb yn helpu, a'i bod hi'n 'gorfod gneud bob dim ar ei phen ei hun'. Dad yn gneud yn siŵr fod 'na ddigon o win yn ei wydr o, a gwydr pawb arall. Becs, fy chwaer, fel arfar yn rhyw hofran yn y gegin yn helpu Mam pan fo angan, yn dawnsio a gneud yn siŵr fod pawb yn chwerthin. A fy mrawd Harri o gwmpas y lle'n rhwla yn ei byjamas tan yr eiliad mae'r gloch am fwyd yn canu. Mae 'na drefn i bob parti yn ein tŷ ni, 'chi.

Dwi'm yn siŵr sut yn union dwi 'di landio'r job o osod bwr'. Joban fach hawdd, 'de? Wel, 'sach chi'n meddwl. Ers cyfarfod Ffrancwyr, mynd i fwytai traddodiadol, a cha'l fy ngwadd i ddwsina o bryda bwyd a phartïon, mi ddois i ddallt fod y bwr', a gosodiad y bwr' a'r bwyd, yr un mor bwysig â'r bwyd ei hun. Mae'n seremoni.

I ddechra, mae'n rhaid i bob bwr' ga'l lliain drosto – un neis gwyn ran amla, ac mi fysa unrhyw fath o staen yn drasiedi! Mae gweld bwr' noeth efo pryd bwyd yr un mor annerbyniol â gweld Nain yn noeth yn bwyta ei bwyd. Dydi o jest ddim yn iawn.

Felly, unwaith mae'r bwr' wedi'i orchuddio, mae'n rhaid mynd ati i osod lle i bawb. Mae'n dibynnu sut swper ydi o, ond mae'r rheolau sylfaenol i gyd 'run peth. Dylai pob tŷ, yn ôl y Ffrancwyr, ga'l llond gwlad o lestri a gwydra. Does 'na'm angan i bob dim fatsio. Mae chydig o amrywiaeth yn rhoi chydig o gymeriad i'r bwr'. Mi ddylai fod gan bawb wydr gwin a gwydr dŵr, hyd yn oed os oes ganddyn nhw wydr yn eu llaw'n barod. Gwydr apéro oedd hwnna, ac mi fysa'r sawl sy'n cynnal y cinio/

swper/parti wedi penderfynu ar win i fynd yn arbennig gyda'r bwyd – a 'di gwin gwyn a gweddillion port ddim yn gneud rosé . . . coeliwch chi fi, dwi 'di trio hynny. Ocê, mae 'na lot o waith golchi llestri ar y diwadd, ond be 'di pwynt cael dynion, 'de?

Wrth y sinc mae eu lle nhw! Yn ôl at y bwrdd. Dylai'r gwydr dŵr gael ei osod jest uwchben y gyllell ar y dde, a'r gwydr gwin fymryn i'r dde o hwnnw, fatha rhyw glust i'r plât.

Yn amlach na pheidio yn Ffrainc mi welwch chi gyllyll arbennig ar y bwr', yn enwedig os oes darn o gig ar y fwydlen, sef cyllyll Laguiole. Maen nhw'n gyllyll trawiadol hefo handlen blastig neu, yn fwy traddodiadol, wedi ei gwneud o gorn. Mi fedri di brynu'r cyllyll yma mewn unrhyw liw, ond y peth mwya nodweddiadol amdanyn nhw ydi'r pryfyn bach sy' rhwng y llafn a'r handlen. Ers talwm, mi oedd y cyllyll yn plygu'n hannar o dan y pry, ond erbyn heddiw maen nhw fel cyllyll arferol. Mae 'na ddadl hanesyddol wedi bod ai pry neu wenyn sy' ar y gyllell Laguiole. Mae'n edrych fel pry i fi, ond be 'di'r ots? Yr unig beth ddudwn i ydi, gwae chdi os byddi di'n rhoi'r rhain yn y peiriant golchi llestri. Tasat ti'n gneud hynny yn Ffrainc, wel, fysa dy fywyd di ddim yn werth ei fyw.

Rhwbath sy'n ca'l ei anghofio yn amlach na pheidio ar ein byrdda ni yma yng Nghymru ydi'r dŵr. Mi darodd fi fod y Ffrancwyr yn yfed andros o lot o ddŵr. Galwyni a galwyni. Boed o'n ddŵr tap, yn San

Ar y seithfed llawr mae fy 'apart'i . . .

Pellegrino, neu'n ddŵr potel fflat, mi fydd o ar y bwr' bob amsar. Ac wrth gwrs, dydi'r bwr' byth yn gyflawn heb botel o win wedi'i hagor wrth i'r gwesteion gyrraedd, iddo ga'l anadlu.

Pur anaml fyswn i a fy ffrindia'n archebu potel gyfa o win mewn caffi neu far, yn bennaf achos ei bod hi'n rhy ddrud, ond hefyd achos bod y syniad o rannu carafe bach o win yn eitha cŵl. Ond dydi hi ddim yn anghyffredin ichi weld dwy ffrind yn rhannu potel, yn enwedig yn La Palette. Merchaid eitha crachaidd fel arfar, yn pwffian eu Vogues drwy fysidd wedi eu haddurno â gemwaith sydd fwy na thebyg yn werth

“du ydi *palette* Paris

mwy na fy holl eiddo i. Ond yng nghefn fy meddwl, mi o'n i'n ocê efo hynny. O'u golwg nhw, a'r syna bach blasé oedd yn dod o'u byrdda, mi oedd hi'n amlwg, hyd yn oed i rywun oedd ddim yn dallt yr iaith, eu bod nhw'n gneud dim byd ond cwyno . . . Trist.

Ond, wrth reswm, mi oeddan nhw'n edrych yn hyfryd. Yn 'groomed' fel 'sa Mam yn 'i ddeud, wrth f'atgoffa i 'mod i *ddim* yn 'groomed'. Er hyn, ella bod ganddyn nhw'r steil oesol 'na, ond tasach chi'n cymharu dinas fel Llundain â Pharis, mae Paris yn bendant ar ei hôl hi. Mae pawb yn meddwl mai Paris ydi prifddinas ffasiwn y byd. Dydi hi ddim. I mi, mae steil yn wahanol iawn i ffasiwn. Mae agwedd y Ffrancwyr tuag at ddillad yn debyg iawn i'w hagwedd nhw at win – arhosa efo'r hyn sy'n gyfarwydd.

'Sgen i ddim ofn gwisgo chydig bach yn wahanol, ac ambell ddiwrnod 'sgen i ddim ofn gwisgo yn andros o wahanol, ond mae un peth yn bendant – dwi wastad yn gwisgo lot o ddu. Mae'r meddylfryd 'le noir, ça mincit' (mae du yn gneud i chdi edrych yn dena) yn hollol hurt ym marn y Ffrancwyr. Os ti'n dew, cer ati i golli pwysa. Paid â thrio cuddio dy hun mewn sach ddu. Mae gwisgo du'n fwy i'w 'neud hefo'r ffaith bod y Ffrancwyr yn medru bod yn uffernol o feirniadol. Y

138

tric ydi, os 'dach chi'n gwisgo du, fedrith neb eich barnu. Dydi faux-pas ffasiwn ddim yn bosib mewn du. Mae symlrwydd y lliw yn ddigon i 'neud ichi edrych yn berson o steil, hyd yn oed tasach chi'm callach be sy' mewn ffasiwn. Tydi du ddim yn dyddio.

Mae 'na feddylfryd, hefyd, fod gan y lliw du y pŵer i 'neud i bobl feddwl eich bod chi'n medru mwynhau go iawn. Du ydi'r lliw sy'n dangos eich bod chi wedi bod allan drwy'r nos. Du ydi'r diffiniad o barti ym Mharis. Chi, a du, yn plethu â düwch y nos. Du 'di palette Paris.

Wrth edrych i fyny o La Palette 'dach chi'n dod i nabod y Paris go iawn. Mae'r strydoedd yn fodern erbyn hyn – llefydd coffi adnabyddus, banciau, archfarchnadoedd . . . Ond os codwch chi'ch pen ac edrych tua'r toeau, mi welwch chi'r ffenestri hynafol sy' heb newid ers canrifoedd. Yr un balconis bach metel sy' 'di bod yn gartref i gannoedd o gusanau. Yn yr entrychion mae'r Paris dwi 'di dod i'w charu.

Yn yr entrychion mae fy nghartra i – y 'cwpwr' fel dwi 'di dod i'w alw – ar seithfed llawr adeilad Haussmannaidd traddodiadol. Dwi wedi hen arfer efo'r 126 o risiau erbyn hyn a dwi 'di anghofio'n llwyr am fodolaeth lifft. Mae liffts Paris yn dra gwahanol i'r liffts 'dan ni'n eu nabod yng Nghymru. Hen focsys bach, chydig mwy nag arch, ydyn nhw. Mae 'na arwydd ym mhob un yn deud '3 personnes

Sgwrsio mewn bar arweiniodd at drafferth mewn lifft . . .

max.' ac fel arfer, mae pawb yn cydymffurfio â'r rheol hon . . . hynny ydi, pawb heblaw amdana i, a fy ffrindia.

Mewn bar heb fod ymhell o Saint-Germain-des-Prés o'n i, hefo'n ffrind, Elise. Mi ddechreuon ni siarad hefo dau Wyddal oedd yn astudio am dymor yn y coleg celf cyfagos. Roedd un – Duw a ŵyr be oedd 'i enw fo – yn gwisgo'r polo neck navy 'ma a sbectol ar ei drwyn, ac roedd ganddo fop o wallt cyrliog du. Roedd 'na ryw naws Hemingwayaidd amdano, neu'r Hemingway dwi'n 'i ddychmygu ac yn breuddwydio amdano. Roedd y llall yn fwy o Wyddal gwallt coch, diniwad, oedd jest yn gwenu, a golwg chydig bach fel tasa fo isio byw efo'i fam am byth arno fo. Mi chwarddon ni'n pedwar am oria, yn trafod celf ac athroniaeth (a na'dw, dwi'n gwbod uffarn o ddim am

140

athroniaeth), ac wrth i'r bar gau, mi wahoddodd Elise y tri ohonon ni'n nôl i'w fflat am ryw soirée bach.

Ar ôl cyrraedd ei hadeilad hi, dyma ni'n pedwar yn gwasgu i mewn i'r lifft. Roedd gan un o'r hogia gitâr ac roeddan ni'n chwerthin a chanu, ac wedi anwybyddu'r arwydd. Mi wasgodd Elise y botwm bach glas gyda 6 arno, a ffwr' â ni am y llawr ucha. Dwi'n ama'n bod ni 'di bod yn y lifft am . . . bedair eiliad cyn i ni glywed clec, ac mi stopiodd o'n stond. Dyma wasgu'r botwm eto, ond ddigwyddodd dim byd. Mi oeddan ni'n styc.

'Oh gosh. I'm claustrophobic,' datgelodd Elise. Amsar perffaith i ddeutha fi!

'Don't worry. I'm sure we just need to wait a bit and it'll start moving again,' medda finna, ddim wir yn credu fy ngeiria fy hun.

Lifft: tydi o'n edrych yn ddiniwed?

Nid dyma'r lifft ond dyma'i faint – heb gitâr!

Mi wasgodd un o'r Gwyddelod y botwm â chloch arno, ac ar ôl rhyw funud, daeth llais bach i'w ateb.

'Ouuuuuui?' ochneidiodd y llais bach o'r tylla'n y wal, yn holi pam roeddan ni 'di gwasgu'r larwm – cwestiwn gwirion gan 'mod i'n siŵr na fyddai neb byth yn gwthio'r larwm i ofyn iddo am blydi clonc a chân.

Mi ddudodd o wrthon ni y byddai rhywun yno mewn rhyw hannar awr. Ocê, ddim yn rhy ddrwg. Mi siaradon ni. Dod i nabod ein gilydd. Roedd hi'n mynd yn reit ddel, a'r sgwrs yn dal i lifo'n eitha rhwydd. Mi oedd hannar awr 'di mynd heibio, a fi, dau Wyddal, Elise a gitâr yn dal i fod yn styc yn lifft lleia'r byd.

'Guys, I'm really claustrophobic. I'm not feeling great,' ddudodd Elise eto wrth iddi bloncio'i thin rhwng traed y gweddill ohonon ni, a gwthio 'mronna fi at frest y Gwyddal bach diniwad. Doedd y cr'adur ddim yn siŵr iawn lle i sbio . . . ond . . . mi oeddan ni'n dod i nabod ein gilydd am wn i, falla'n well na fysa fo'n licio . . . Mi wasgon ni'r botwm eto. Dim ateb. Mi awgrymodd Hemingway y dylen ni ffonio'r frigâd dân, gan ein bod ni 'di bod yn styc ers bron i awr erbyn hyn . . .

Dim signal.

'What if we run out of air?' gofynnodd Elise, oedd yn ddim byd ond pentwr o wallt ar y llawr erbyn hyn.

'She has a point,' medda Ginger-Timid-Tom o'r gongl, 'di ffeindio'i lais o'r diwadd.

'Don't be so bloody stupid!' medda fi, yn dychryn y tri ryw fymryn, dwi'n siŵr, ond, mewn gwirionedd, yn cachu brics hefyd. 'How about we sing something?' medda fi, yn meddwl bysa fo'n pasio'r amsar. (A chofiwch ein bod ni wedi ca'l amball lasiad o win erbyn hyn, a doedd y sefyllfa ddim cweit yn ddigon difrifol i'n sobri ni eto.)

'We are the caaaaats, stuck up a treeeee. Oh, let the caaaaats be freeeeee!'

Wrth i fi, Hemingway a Ginger-Timid-Tom floeddio canu, mi ddechreuodd 'na gi gyfarth yn rhwla. Aeth y cyfarth yn uwch wrth inni glywed sŵn drws y tu allan i'r lifft yn agor.

Ac yna, llais.

'Salut? Quelqu'un est coincé dans l'ascenseur?'

'OUUUUI! OOOOUI!! OUUUUUI!' medda'r tri ohonon ni, yn siŵr o ddeffro'r adeilad i gyd, ac Elise yn dal ar y llawr yn rhyw fath o awgrymu drwy ei breichia'i bod hi'n dal yn fyw.

Cyfieithiad, rhag ofn iddo fo ddigwydd i chi:

'Helô 'na? Oes rhywun yn sownd yn y lifft?'

Mi esbonion ni mewn Ffrangeg meddw wrth yr hen ddynas fach

Llun pasport Ernest Hemingway pan oedd yn byw yn Paris yn 1923.
"Mi aeth Ginger-Timid-Tom mor wyn â'r galchan, ac roedd Hemingway druan bron â chyfogi 'i hun." (Nid yr Hemingway – Gol.)

a'i chi ein bod ni'n styc, a bod 'na ddyn 'di deud ei fod o ar ei ffor' ond bod hynny bellach dros awr yn ôl a dim hanes ohono fo. 'Iawn,' medda hi, 'mi a' i i ffonio'r pompiers,' sef y dynion tân.

'Guys, I think I'm gonna be sick,' mymblodd Elise eto.

'Really? We'll be out in a bit.'

'Nah, seriously. I need a bag. Does anyone have a plastic bag?' Roedd y panig yn 'i llais hi'n ddigon i ddeutha ni nad oedd hi'n deud clwydda.

Mi aeth y tri ohonon ni trwy'n pocedi a'n bagia'n lloerig, yn chwilio am fag plastig ond yn methu dod o hyd i un.

'Elise, we don't have anything. Just hold on for a few minutes. I promise we'll be out really soon.'

Mi ddechreuodd Hemingway weiddi ar yr hen ddynas eto mewn panig, a Ginger-Timid-Tom yn edrych fel tasa fo'n gweddïo am faddeuant am y pechod oedd wedi ei arwain at y fath sefyllfa. Mi dyrchais yn fy handbag eto a gneud un o'r penderfyniada mwya poenus dwi wedi gorfod ei 'neud erioed. Yng nghanol fy handbag mi oedd gen i glutch bag lledr bach yn dal petha pwysig fel ffôn,

144

pàs Navigo i'r metro, pwrs a smôcs. Ond ddim jest clutch bag lledr. Clutch bag lledr COS – un o fy hoff, hoff glutch bags i yn y byd. 'Sod it,' medda fi, yn meddwl y bysa'n well gen i golli'r clutch bag na cherdded adra'n drewi o chwd.

Yr eiliad wagiais i'r bag a'i roi o iddi, mi drodd Elise yn rhyw ffynnon o chwd cochlyd – llif o hylif rhuddgoch yn mynd o'i cheg yn syth i mewn i 'nghlutch bag druan, a thros ei gwallt hi i gyd. 'Na i fyth anghofio wyneba'r ddau Wyddal wrth iddyn nhw syllu arni. Mi aeth Ginger-Timid-Tom mor wyn â'r galchan, ac roedd Hemingway druan bron â chyfogi 'i hun.

Gwta ddau funud ar ôl y ffrwydriad o enau Elise druan, mi gyrhaeddodd y dyn bach i'n hachub ni, a'r dynion tân funudau ar ei ôl o. Mi sgrialodd y tri ohonon ni allan dros ben Elise pan agorwyd y drysau, a hitha'n rhyw gropian drwy ei chwd a'i gwallt ar hyd y llawr. Ac yna, sylweddoli ein bod ni ddim ond rhyw bedair modfadd uwchben y llawr gwaelod wedi'r cyfan. Yr hen ddynas a'i chi, y dyn bach a'r dynion tân, i gyd yn edrych arnon ni fel tasan nhw 'rioed 'di gweld dau Wyddal, gitâr, Cymraes a Ffrances

Combien?

= Blydi hel!
FAINT?!*

Cyngor doeth arall

Dyma'r hyn ddylsach chi ei roi yn eich bag llaw os ydych am fod yn Parisienne go iawn:

Sbectol haul
Blusher
Lipstig
Leitar, neu fatsis
Condoms – nid y bilsan
Paracetamol
Manion gwallt
Cardiau – nid arian parod
Beiro
Nodwydd ac edau
Mints – nid gwm cnoi
Ymbarél

chwdlyd yn dod allan o lifft ar ôl bron i dair awr o'r blaen. Does dim angan deud na welson ni fyth Hemingway a Ginger-Timid-Tom eto.

Mae'r ddelwedd yna'n anghyfarwydd i drigolion cefnog arferol Saint-Michel a Saint-Germain-des-Prés; ardal lle fuodd Sartre'n treulio'i ddyddia yng nghaffi Les Deux Magots, a Picasso dros y ffor' yn y Café de Flore (lle brynodd Mam sleisan o gacan am 15€ un diwrnod – hulpan). Mi welwch chi siopau Chanel, Saint Laurent, Dolce & Gabbana ac Armani yn llawn o ddynion busnes yn sweipio'u cardia credyd i ddiddanu eu cariadon ifanc. Mae'n ardal ddifyr i wylio pobl, yn enwedig pobl na fyswn i fel arfar byth yn dod ar eu traws.

DEWCH I SIOPA

Merci – 111 Boulevard Beaumarchais, 75003 – Siop arbrofol sy'n ceisio chwalu ffinia o ran rhannu siop yn adrannau pendant. Mae cyfran o'r elw a wneir yma yn cael ei rhoi i elusen. Mae modd treulio diwrnod cyfa yma, yn crwydro drwy'r siop goffi/ siop lyfra, yn darganfod dillad godidog o bob cwr o'r byd, a byta salads quinoa, afocado a hada chia ymysg Bobos mwya ffasiynol y ddinas, cyn llenwi'ch bag ag offer cegin sy' wedi ei ddylunio'n wych ond na cheith fyth ei ddefnyddio, mae'n siŵr!

> *I created this bookstore like a man would write a novel, building each room like a chapter, and I like people to open the door the way they open a book, a book that leads into a magic world in their imaginations.* — George Whitman, sefydlydd La Mistral a drodd wedyn yn fersiwn newydd o'r hen Shakespeare & Co.

Wir i chi, mae'n werth i chi ymweld â'r siop hon, dim ond er mwyn gweld yr arddangosfeydd dillad gwych sy'n troelli uwch eich pen.

Fleux' – 39 et 52 Rue Sainte-Croix de la Bretonnerie, 75004 – I'r Parisians, Fleux' ydi'r lle mae'n rhaid mynd iddo i brynu dodrefn sy' ddim yn Ikea flat-pack. Ond i'r rheini ohonon ni, fel fi, oedd heb le i droi yn ei fflat, heb sôn am le i soffa, mae 'na ddigonedd o nic-nacs yma i'n diddanu ni. O wiwerod geometrig ar gwshins swed i bennau ceirw sy'n siŵr o fod wedi eu dylanwadu gan frand eiconig Laura Ashley, a gemwaith sy'n ddigon cŵl, hyd yn oed, i'w roi i gynllunydd gemwaith! Dyma lle o'n i'n gneud fy holl siopa Dolig ym Mharis.

Shakespeare & Co. – 37 Rue de la Bucherie, 75005 – Jest rhag ofn eich bod chi heb glywad am y sefydliad yma, Shakespeare & Co. oedd canolbwynt y byd llenyddol ym Mharis drwy gydol hannar cynta'r ganrif ddwetha. Yn gartref erbyn hyn i stafelloedd di-ri o lyfra, mae Shakespeare & Co. yn bendant yn lle i dreulio pnawn, a hwnnw'n bnawn mewn byd coll. Dyma'r lle i gyfarfod chydig o'r beatniks cyfoes sy'n ca'l cysgu ymysg y llyfra ar yr amod eu bod nhw'n gweithio pedair awr yn y siop, ac sy'n mynd ati i sgwennu am weddill yr amsar. Sylwch ar y gwlâu bach o gwmpas y silffoedd, a chymerwch sylw o sylwadau'r staff ar gloria'r llyfra. Mi ddarganfyddais ambell em drwy wneud hyn.

Papier Tigre – 5 Rue des Filles du Calvaire, 75003 – Mae wedi ei henwi ar ôl y term Tsieinïeg 'zhilaohu' (teigr papur) sy'n dynodi rhwbath sy'n edrych yn filain ond na all, mewn gwirionedd, wrthsefyll dim byd. Mae'n addas felly mai siop bapur ydi Papier Tigre. Dyma lle 'nes i ddarganfod fy mod i'n hoffi origami. Mae'r siop hon yn cynnig bynting cyfoes a gwahanol, a chardiau 'dach chi fyth isio'u rhoi i neb (hynny yw, 'dach chi isio eu cadw nhw i gyd eich hun!) a phapur lapio fasa'n werth ei fframio . . . i gyd am bris bach del wrth gwrs!

Cyfle i sefyll o flaen cynulleidfa ac i greu. Pwy, moi?

CAFÉ 8

AU CHAT NOIR

Coffi – 2€
Bordeaux – 3€
Charcuterie – 13€
76 Rue Jean-Pierre Timbaud
Metro – Parmentier
Arrondissement – 11ème
Yn yr ardal – Mynwent Père Lachaise, Strydoedd byrlymus
Oberkampf

' Dan ni i gyd 'di gweld y ddelwedd o'r gath ddu ar gefndir coch a melyn hefo'r geiriau 'Le Chat Noir', delwedd hollol eiconig i Baris, a Ffrainc am wn i. Mi o'n i wedi dysgu yn fy arddega mai'r clwb cabaret cynta oedd Le Chat Noir, ond mae hwnnw wedi hen ddiflannu erbyn hyn. Chydig o benbleth felly oedd ca'l fy ngwadd gan Gabriel i'r Chat Noir un noson, ac yn gegog i gyd dyma fi'n ei herio fo hefo'r wybodaeth oedd gen i yn fy mhen.

'Lara, there are probably fifty Chat Noirs around Paris by now. This is *Au* Chat Noir,' medda fo ar y ffôn. 'I'll see you there at eight.'

Wel, dyna fi wedi cael fy rhoi yn fy lle!

Fysa Au Chat Noir 'rioed wedi bod yn ddewis naturiol i mi fynd iddo – caffi wedi ei leoli ar un o strydoedd 'mynd allan' mwya poblogaidd Paris. Doedd gen i ddim problem mynd yno am un ar ddeg o'r gloch ar nos Wenar, ond doedd mentro i ddyfnderoedd tywyll Indie scene Paris, ar ôl diwrnod caled o waith, ddim wir be o'n i isio'i 'neud am wyth o'r gloch ar nos Lun. 'Nes i swnian ar Gabriel i newid lleoliad ein drinc ac esbonio 'mod i wedi colli swper y plant ro'n i'n eu gwarchod ar hyd blaen fy ffrog. Purée pys gwyrdd yn fy addurno i –

Poster enwog Théophile Steinlen yn hysbysebu taith gan ddifyrwyr Le Chat Noir

hyfryd iawn! Mi 'nes i ei wahodd i'n fflat i am ddiod bach hyd yn oed, ond mi fynnodd ein bod ni'n mynd i Au Chat Noir. Mi 'nath o addo, hefyd, na fyswn i'n ca'l fy siomi.

Ond mi *ges* i fy siomi. Dymp o le oedd yn orlawn. Doedd 'na'm lle i symud. Roedd 'na bobl ryfadd ym mhob man. O'n i'n flin. O'n i'n flêr ac yn drewi o bys. Mi basiodd rhyw ddyn tal mewn top hat, a 'ngwthio fi'n erbyn dyn arall, byrrach oedd â gwallt at ei din. O'n i isio ista i lawr. O'n i'n methu ffeindio Gabriel. O'n i isio mynd adra.

Erbyn i mi gyrraedd y bar, ar ôl ciwio am tua deng munud, mi o'n i'n teimlo chydig bach yn hapusach wrth ddarganfod fod yr hanner awr hapus yn parhau tan naw o'r gloch, a bod glasiad o win coch ddim ond yn 3€. Be well? Mi bwysais ar y bar, a phendroni o'n i am fentro byta rhai o'r cnau oedd mewn powlen fach o 'mlaen i gan i mi orfod rhoi fy swper i'r plant ar ôl catastroffi'r purée pys. Oedd peanuts yn mynd i'n llenwi i? Ac mi gofiais i'n sydyn am yr honiad fod cnau hallt ddim ond yn cael eu gosod ar y bar i sychu dwylo dynion ar ôl iddyn nhw fod yn piso – yr halan yn sychu'r gwlypter neu rwbath. Oedd y dynion i fod i roi eu dwylo yn y fowlen 'ta cymryd y cnau? Pam o'n i'n poeni am gnau? Dwi ddim yn ddyn. Ella mai'r peth gora i'w wneud oedd gadael a nôl falafels i'w bwyta?

Mi ges i fy achub rhag gwneud penderfyniad – 'saved by the bell' yn llythrennol – wrth i'r dyn tal, od, mewn top hat ganu cloch ym mhen arall y stafell. Cloch law yn union fel oedd yn ca'l ei chanu yn fy ysgol gynta yn Nhalwrn, Ynys Môn, i ddynodi dechra a diwedd amsar chwara. Mi ddechreuodd y dorf ddiflannu i rwla

Les plant y purée pys!

Dwi'n cofio mai 'Y Clit' oedd y thema un wythnos!

wrth glywed clonc y gloch, ac wrth i fwy a mwy o bennau ddiflannu o'r golwg, mi ddaeth hi'n amlwg i mi fod grisiau bach ym mhen pella'r stafell yn arwain i lawr at ryw ogof.

'Nes i adael y cnau, cymryd fy ngwin a dilyn y rhai oedd yn dal i ymlwybro i lawr i'r ogof/stafell. Ac yna, mi welais i Gabriel, oedd wrth ddrws ar waelod y grisiau'n deud wrth bawb am gymryd sedd. Roedd pawb i'w gweld yn nabod ei gilydd, yn sgwrsio, yfad a thincian eu gwydrau. Mi ges i sedd tu ôl i ryw bilar oedd, yn amlwg, yn dal nenfwd yr ogof i fyny. Mi o'n i'n dal mewn uffar o dymer ddrwg, ac yn boeth erbyn hyn gan nad oedd 'na'm ffenest na math o air con yn y ddaeargell 'ma.

'Ladies and Gentlemen, friends, newbies, newly revived hermits, farmers, fez wearers' . . . mi chwarddodd pawb a throi at ddyn ar stôl biano yng nghornel dywylla'r stafell, a oedd, wrth gwrs, yn gwisgo het fez . . . 'and pigeon enthusiasts.' Mi chwarddodd pawb eto. 'Welcome to our weekly Spoken Word Paris.'

Doedd gen i'm clem be oedd 'pigeon enthusiast' heb sôn am be oedd 'spoken word', ond dros yr awr nesa mi ddysgais amdanyn nhw, a disgyn *chydig bach* mewn cariad hefo Au Chat Noir, a'r Pigeon Enthusiasts. Mi wahoddodd Alberto, y dyn tal yn y top hat, fardd ar ôl awdur ar ôl dramodydd ar ôl cerddor i'r blaen i gyflwyno eu gwaith. Yr unig reol oedd mai dim ond pum munud oeddach chi'n ei gael i ddeud eich deud, a thri deg eiliad cyn y pum munud roedd y gloch yn ca'l ei chanu. Wrth iddi agosáu at naw o'r gloch, roedd yn rhaid i bawb glicio'u bysidd yn hytrach na chlapio ar ôl perfformiad gan fod y cymdogion yn cwyno am y sŵn. Mi ddaeth hi'n ddiwedd y rownd gynta ac mi ymlwybrodd pawb eto i fyny'r grisiau at y bar.

Ers y noson gynta honno ro'n i'n mynd yn gyson i'r Spoken Word Paris, gan greu criw o ffrindia oes, a magu'r hyder, ar ôl rhai wythnosau o feddwl am y peth, i berfformio fy hun. Mi oedd thema wythnosol i fod, ond pur anaml y byddai

pobl yn cadw at y thema honno – themâu amserol, themâu am bobl, themâu am wledydd a bwydydd. Dwi'n cofio mai 'Y Clit' oedd y thema un wythnos! Gan fy mod i fel rhyw hen wreigan fach yn cadw cofnod o bob dim dan haul, mae'r gerdd gynta un i mi ei pherfformio yn Spoken Word yn dal i fod gen i. Pan wnes i godi i berfformio am y tro cynta, mi wnes i sefyll, ysgwyd tudalennau am chydig, ac ymddiheuro gan 'mod i 'rioed wedi gneud y fath beth o'r blaen. Yna, mi ddarllenais i'r gerdd hon:

> Si Hei Lwli,
> See me? No.
>
> You raised me,
> Taller, smaller.
> Nineteen, I raised you
> From window-like sills
> Of dripping dreams.
> Empty words of empty glass,
> Iechyd, santé, cheers.

Your thirst alive in my lips.
My tickle,
Your tipple.
Tomorrow's gone.

My cotton white smile
Red, burgundy, black.
A mother child,
A child-bride.
Like children playing tŷ bach twt.

My strings were pulled,
My legs were wide.
Wide eyed
Cat's eyes
And feline flicks.

Like a child playing dress-up
In the dark.
Silk, satin, pull-me-up pull-ups.

You took my child.
My rag-doll-doli-fach-glwt.
Si Hei Lwli,
Hear me? No.

Mi fydda i'n trio cadw'n glir o'r term 'expats', ond dyna ydan ni i gyd yma am wn i, a Pharis yn bair i'n bod.

A finna'n typical 'foreigner in Paris', yn ceisio fy ngora i fod yn Ffrances, mi ges i gynnig mynd ar ddêt. Dêt ar fwrdd llong ar lannau'r Seine i fod yn fanwl gywir, hefo rhyw foi oedd mewn band. Grêt, pam lai? Mi ddigwyddodd fod yn un o'r dêts lleia uffernol o'r rhestr hyd braich o ddêts *uffernol* fues i arnyn nhw yn ystod fy nghyfnod ym mhrifddinas Ffrainc.

Ffrancwr oedd hwn. Cariad o foi oedd yn edrych yn ddiddrwg-ddidda tan i chi ddod i'w nabod o, a rhywun dwi'n dal i gadw mewn cysylltiad ag o. Doedd o ddim yn 'gariad', mwy o ryw French fling a barodd yn hirach na'r arfar, ond gan nad oedd yr arferiad o ofyn i bobl fynd allan efo chi mor gyffredin yn Ffrainc o 'mhrofiad i, falla'i fod o'n gariad. 'Di'r cwestiwn 'Ei di allan efo fi?' ddim yn rhan o eirfa'r Ffrancwyr, a dwi o'r farn y dylen ni'r Cymry fabwysiadu'r un rheol. Does 'na ddim gwahaniaeth chwaith rhwng 'Dwi'n licio chdi' a 'Dwi'n caru chdi', oedd yn bach o sioc os dwi'n onast . . . ond wna i ddim ymhelaethu ar gatastroffi'r pedwerydd dêt ges i ym Mharis. Eniwe, yn ôl at y dêt llai uffernol. Mi oedd

> **Mae'r gair Ffrangeg am sws, sef 'baiser', yn union 'run peth â'u gair nhw am ffwcio . . . Mae'n gymhleth!**

yn gas ganddo expats;
pobl oedd yn symud
yma i ga'l bywyd braf,
amharchu'r iaith a'r
diwylliant a gwisgo
fatha Katie Price, medda
fo. Ond do'n i ddim yn
disgyn i'r categori yma,
gan 'mod i wedi rhyw
fath o ddysgu'r iaith, a
do'n i ddim yn gweiddi a
rhegi ar y metro. Ffiw!

Expurgée

Er parch 'nde …

Mae'r Ffrancwyr yn enwog am
eu chwant am gnawd, neu dyna
maen nhw'n licio i chi feddwl. Nhw
greodd (neu amlygodd) ryfeddoda fel
brothels, ca'l parti unawd masterbetio, a godineb. Mae
gynnon ni lot i ddiolch i'r Ffrancwyr amdano felly, ahem! Diolch yn
arbennig am y condom gan mai tref yn ne Ffrainc ydi Condom. Mae
'na dri deg un o beirianna gwerthu condoms ar hyd strydoedd Paris,
a hyd yn oed ap bach handi i chdi allu ffeindio'r peiriant agosa atat ti
tasa chdi jest isio ymarfer ryw noson. Ac yn ôl amball arolwg ddes i ar
ei draws, y Ffrancwyr sy'n ca'l fwya o secs mewn blwyddyn . . .

Ond do'n i'm wedi swsio Ffrancwr – ella fod hynna'n gelwydd!
– heb sôn am shagio Ffrancwr. Mi ges i chydig o rybudd fod swsio –

nid y bise-bise, ond mynd amdani go iawn efo dy dafod – yn selio perthynas hefo rhywun. Dyna eu fersiwn nhw o 'Ei di allan efo fi?', am wn i. Mae'r gair Ffrangeg am sws, sef 'baiser', yn union 'run peth â'u gair nhw am ffwcio, sy'n golygu fod petha'n gallu mynd yn gymhleth. Ond twt â fo, dwi ddim yn Ffrances, meddyliais, a dwi ar yr wythfed dêt wedi'r cwbl! Es i amdani a cha'l rhyw gêm o tenis-tonsils hefo fo. Falla ddylwn i fod wedi cadw 'nhafod yn 'y ngheg . . . o'n i wedi creu cariad newydd i fi'n hun? A hwnnw'n gariad Ffrengig do'n i'm wir yn dallt be oedd o'n ddeutha fi?

Mi oeddan ni'n dod i ben rywsut – ca'l sgyrsia difyr, chwerthin, a dallt be oedd y ddau ohonon ni'n 'i ddeud. Ro'dd o i gyd yn rhan o apêl y berthynas. Ond a ninna 'di ca'l y sws gynta 'na, doedd 'na 'mond un lle fedrai'r berthynas fynd. Gwely! Do'n i 'rioed 'di gneud hyn o'r blaen. Wel, mi o'n i – ond ddim yn Ffrangeg! Do'n i'm yn gwbod y lingo-lawr-fan'na. Doedd iaith y blys 'rioed yn rhwbath o'n i 'di meddwl amdano. Secs 'di secs. Rhyw 'di rhyw. Do'n i ddim wir 'di meddwl am y ffaith fod pobl, a rŵan *fi*, yn ca'l secs mewn iaith arall. Ddim 'mod i'n meddwl fod pawb yn y byd yn troi i'r Gymraeg pan maen nhw'n ca'l secs (er, mi fysa hynny'n siŵr o fod yn safiad gwych dros yr iaith), ond a oedd iaith wir o bwys pan oedd hi'n dod i gael bach o rympi-pympi?

I fod yn fanwl gywir, doedd y profiad cynta hwnnw efo Ffrancwr ddim hyd yn oed yn secs. I fod yn hollol fanwl, ac yn gwbl gywir, roedd 'y mhrofiad rhywiol cynta di-Gymraeg i'n fwy o ryw wingo'n noeth tra oedd o, hefyd yn noeth, yn darllen rhyw farddoniaeth o'r ddeunawfed ganrif i mi. 'Run ohonon ni'n dallt, a finna'n gorfod brathu 'moch mor galed nes 'mod i'n gwaedu i drio peidio â chwerthin – atgof 'sa'n well gen i ei anghofio.

Ond pan ddaeth y foment i ni fendithio'r farddoniaeth hudolus honno . . . 'nes i ddim meddwl am yr iaith. Dim iaith Cofi. Saesneg. Sbaeneg. Ffrangeg. Ac yn bendant, dim Cymraeg. Doedd iaith ddim yn bwysig, yn y bôn.

Rouss-eau O-O-O!

Os 'di secs yn dda, yn amlwg ti yn y foment. 'Sa ddiawl o ots gen ti tasa'r person yn siarad Klingon, 'mond dy fod di yna, efo fo, yn joio. Ond wedyn, os 'di'r secs ddim ond yn ocê, yn so-so, yn ça va . . . mae'n rhoi'r cyfla i dy feddwl di grwydro. Ti jest yn ca'l y person 'ma'n dyrnu dy du mewn di, fatha tasa chdi'n rhyw dân 'di troi'n lludw yn ca'l 'i brocio'n ddi-bwynt. Dwi 'di meddwl am faint o'r gloch dwi'n gorfod deffro'r bora wedyn wrth fynd ati. Meddwl lle ddiawl 'nes i luchio'n nicar. A, fy ffefryn personol i, gyda chryn embaras – meddwl am be fysa maint y garafán ddelfrydol ar gyfer

Double axle!

STEDDFOD PARYS MÔN

HIRAETH MAWR
A HIRAETH CREULON...

Dyma'r pethau wnes i eu colli fwya wrth fyw ym Mharis:

Tea bags

Poundland

Lemsip

Victoria sponge

Swiss roll

Teits Marks & Spencers

Sos coch

Dairy Milk

Llyfra Saesneg

Torth i'w thostio

Siopau elusen

mynd i'r Steddfod . . . ddim rhwbath dwi'n falch ohono, gallaf eich sicrhau! Nid rhwbath fyswn i 'rioed wedi dychmygu'n hun yn pendroni yn ei gylch wrth ga'l panad hyd yn oed, heb sôn am secs. Ond mi ddigwyddodd o, a dwi'n ymddiheuro rŵan i'r cr'adur 'mod i'n ddigon o gachgi dosbarth-canol i beidio â hyd yn oed gwadu 'mod i'n meddwl am garafannau double-axle-six-berth yr holl amsar pan ofynnodd o i mi o'n i'n joio.

Felly, ydw, dwi'n bendant yn 'expat' ym marn y Ffrancwyr. Dwi'n estron mewn gwlad lle mae'r brodorion yn dod tra dwi'n meddwl am garafannau.

O.N. I'r rheini ohonoch chi sy'n coelio'r si bod y Ffrancwyr yn anhygoel rhwng y cynfasau . . . myth 'di o. Maen nhw'n ddynion fel dynion pob gwlad. Gwnewch be liciwch chi hefo'r frawddeg honno. O 'mhrofiad i, mae'r ffor' maen nhw'n ymdrin â secs yn eitha tebyg i'r ffor' maen nhw'n ymdrin â'u rhyfeloedd. Fel Napoleon yn llawn ymffrost a sioe fawr ond pan mae hi'n dod yn amsar i goncro a saethu eu gwn . . . pur anaml y byddan nhw'n taro'r targed.

. . . *blydi twristiaid* . . . ***Dyma oedd Mecca celf fodern –***
cartref Picasso, Monet, Dali ac Utrillo
. . . *wastad yn y glaw.*

CAFÉ 9

LE PROGRÈS

Coffi – 2€
Bordeaux – 4€90
Charcuterie – 13€
7 Rue des Trois Frères
Metro – Abbesses
Arrondissement – 18ème
Yn yr ardal – Sacré Coeur, Moulin Rouge, Place du Tertre

O'r cannoedd o addewidion roeddwn i wedi'u gneud pan symudais i Baris, un o'r pwysica oedd ei bod yn rhaid i mi ddysgu Ffrangeg yn safonol fel 'mod i'n medru gwylio'r ffilm wych *Amélie* heb orfod ca'l yr is-deitla ar y sgrin. 'Nes i *dim* cysidro 'mod i wedi gwylio *Amélie* tua phum can mil o weithiau, ac yn dallt y stori drwyddi draw. 'Nes i anghofio'r addewid yn reit sydyn, a setlo am ga'l trip bach i'r caffi lle roedd Amélie'n gweithio yn lle hynny. Mi oedd gen i ryw fath o syniad lle roedd y caffi bach yn Montmartre . . . Ar gongl. Ar allt. Mi ffeindia i o . . . O'n, mi o'n i'n hollol ar goll! 'Di o'n ddim byd tebyg i'r Café des 2 Moulins oedd yn set i'r ffilm. Dyma gaffi sy' 'di ca'l ei foderneiddio i'r fath raddau fel ei fod yn edrych yn debycach i McDonalds nag i'r caffi hudolus 'na yn fy hoff ffilm.

Ond yn wahanol i'r twll o le yna, mi ddisgynnais mewn cariad hefo caffi arall, Le Progrès, o'r eiliad gynta. A'r caffi wedi ei leoli ar sgwâr afiach o brysur, sy' wastad yn llawn blydi twristiaid, rhwng Abbesses a'r Sacré Coeur, byddai'n hawdd iawn i chi anwybyddu'r em fach yma a dewis un o'r ddau gaffi smartiach ar y sgwâr. Yn y rhain ro'n i'n sylwi ar bobl bach Tsieinïaidd â'u camerâu rownd eu gyddfa, yn glafoerio dros confits de canard a jygiau o win coch, yn amlwg isio'r profiad o wledda ar fwyd Ffrengig.

Caffi Amélie go-iawn. Nid fy math i o le.

Jest isio sit-down bach o'n i.

Mae Le Progrès yn gaffi syml, ac yn eitha sgryffi, ond â'r hud Ffrengig diymdrech 'na sy'n mynd â chi'n ôl mewn amser rhywsut. O ista ar y teras bach, cyfyng ar y palmant, dwi 'di ca'l gigls di-ri wrth weld teuluoedd yn mynd ar goll ac yn ffraeo. Dwi'n ama i 'nheulu inna ga'l ffrae debyg ar y sgwâr 'ma unwaith. Mam wedi gwylltio efo Dad y bora hwnnw am fynd â nhw ar goll wrth drio ffeindio fy fflat i, gan ein bod ni 'di trefnu ca'l brynsh am 11 y bore.

Am 11:40 y bore ges i alwad gan Mam.

Fi: Haia, ti'n iawn? Lle 'dach chi?

Mam: Lara! Ma dy dad 'di mynd â ni ar goll!

Dad: *(Yn y cefndir)* Llinos, dwi ddim. Ddylia chdi fod wedi gwrando ar y dyn 'na yn lle mynnu 'i fod o'n anghywir.

Mam: Tasa chdi 'di gofyn am directions i Avenue Félix-Faure yn hytrach nag Avenue Faue Fair fyswn i'm yn gorfod mynnu 'i fod o'n anghywir.

Fi: Wow, Mam. Stop, a calm down. Lle 'dach chi?

Mam: O, dwi'm yn gwbod. Dwi'n gallu gweld yr Eiffel Tower.

O ystyried dy fod di'n medru gweld y tŵr o bron iawn unrhyw stryd yn y ddinas, doedd y frawddeg ddim yn helpu rhyw lawar! Diolch, Mam . . . Ond rhywsut, drwy help iPhones a map metro, mi ffeindion nhw fy fflat i. Diolch byth am hynny!

Wedi hynny, efo tensiynau'r bore yn hofran yn yr awyr, mi fentron ni i Montmartre i weld y ffair Nadolig. (A 'sa'n well i fi egluro ei bod hi'n Ddolig go iawn — does 'na'm ffair Dolig yn Montmartre drwy'r flwyddyn, er mor hyfryd fysa hynny.)

Wrth i Mam bendroni oedd hi *wir*

Y teulu wedi cydgyfarfod, ryw ffordd neu'i gilydd!

angan basged Ffrengig arall i ychwanegu at ei chasgliad o fasgedi Ffrengig sy' byth yn ca'l eu defnyddio, mi ddaeth hi ar draws stondin bwyd a diod traddodiadol.

'O, be am i ni ga'l mulled wine bach? Neu ryw seidar cynnas?'

Duw, pam lai, meddan ni i gyd. Fysa Mam byth yn cymryd seidar cynnas ar ei phen ei hun, felly mi berswadion ni hi y bysan ni i gyd yn cymryd diod, ar yr amod ei bod hi'n archebu . . . ac er i Mam ryw fora ofyn am goffi Americano yn ei Ffrangeg gora a chael coctel (stori arall 'di honno), mi gytunodd hi.

'Jy fwdrei catry jŵs dy pom dy têr sil fw plei.'

Mi o'n i a boi bach y stondin yn gelan. Mi o'dd Mam wedi archebu pedwar sudd tatws i ni. Erbyn hyn mae hi'n bach o jôc deuluol bob tro mae rhywun yn ordro seidar mewn bar. Mae'n rhaid gofyn am sudd tatws.

Ar ôl ca'l ein seidar, mi gerddon ni i fyny heibio'r Sacré Coeur, at un o'r llefydd dwi'n eu caru: Place du Tertre. Dyma galon Montmartre. Dwi'n casáu'r ffaith fy mod i yn ei garu fo am ei fod o'n gymaint o tourist trap ac mewn gwirionedd yn rhywle sydd wedi colli ei onestrwydd artistig. Ond pan o'n i ambell waith yn dipyn bach o ferch–unig–colli–adra, ar ryw ddydd Sul, yn amlach na pheidio, i fan hyn fyswn i'n dod – i weld y gwynebau, y caru a'r ffraeo, ac i sylwi ar gyplau oedd yn methu tynnu'u llgada oddi ar ei gilydd, heb sôn am eu dwylo. Gweld cyplau erill oedd yn amlwg yn meddwl y bysa rhamant Paris yn aildanio fflam oedd, o be o'n i'n ei weld, wedi hen ddiffodd. Gweld artistiaid oedd ddim wir ag unrhyw beth artistig ar ôl

yn eu heneidiau yn peintio wyneb ar ôl wyneb dieithr, ac y gwbod nad oeddan nhw'n gallu edrych arnyn nhw eu hunain yn y drych mwyach.

Dyma *oedd* Mecca celf fodern – cartref Picasso, Monet, Dali ac Utrillo. Dyma lle roedd Alfred Jarry yn dod i glecian absinthe a sgwennu am hud y dylwythen werdd. Ond heddiw, yng nghanol atgofion y bwrlwm a'r sŵn a'r mwg a'r lliw, mae'n lle eitha trist.

Ma siŵr fod pawb yn meddwl 'mod i'n ei gor-ddeud hi'n ddramatig, ond dydw i ddim. Mi oedd gan Charles Aznavour gân adnabyddus o'r enw 'La Bohème', sy'n adrodd ei hanes yn ca'l ei fagu yn Montmartre ac yn dychwelyd chydig flynyddoedd yn ddiweddarach 'mond i weld fod yr ardal wedi colli ei holl hud:

Je ne reconnais plus	Dwi ddim yn adnabod bellch
Ni les murs, ni les rues	Y waliau na'r strydoedd
Qui ont vu ma jeunesse	A welodd fy ieuenctid
En haut d'un escalier	Ar ben rhyw risiau
Je cherche l'atelier	Dwi'n chwilio am y stiwdio
Dont plus rien ne subsiste	Nad oes dim ar ôl ohoni bellach
Dans son nouveau décor	Ar ei ffurf newydd
Montmartre semble triste	Mae Montmartre i'w weld yn drist

Pentref ar gyrion y ddinas oedd Montmartre hyd at 1860, ac felly wrth gerdded o gwmpas, mae 'na awyrgylch chydig yn wahanol i weddill Paris, yn enwedig wrth i chi sylwi ar y bensaernïaeth. Mae'r enw Montmartre yn tarddu, mae'n debyg, o'r Lladin Mons Martis (Mynydd y duw Mars), a ddaeth yn ddiweddarach yn Mons Martyrum (Mynydd y Merthyron) sy'n coffáu merthyrdod Sant Denis, a gafodd ei ddienyddio ar y bryn lle mae'r Sacré Coeur erbyn hyn.

Rue des Martyrs ydi'r stryd sy'n arwain o Le Progrès. Dyma stryd a ddaeth yn bwysig iawn i mi, nid achos fod 'na rwbath sbesial yma, ond achos mai i'r stryd hon, ac i far La Fourmi (Y Morgrugyn), y byddwn i a grŵp o fy ffrindia'n mynd i drafod gŵyl ddrama a sefydlodd criw ohonyn nhw ym Mharis. Enw'r ŵyl oedd Montmartre Dionysia, ac mi ddes i'n rhan o'r tîm yn yr ail flwyddyn. Gŵyl ddrama yn hyrwyddo sgwennu newydd

Charles Aznavour

Montmartre yn y glaw, fel arfer.

yn Saesneg yn y ddinas oedd hi. Mi fyddan ni hefyd yn cyfarfod yma i ga'l noson sgwennu, The Wrights Group.

Dwi'n gwbod ein bod ni'n swnio'n afiach o rodresgar, ond wir yr, mi oedd o'n hwyl. Mi oedd pawb yn sgwennu yn ystod yr wythnos, ac mi oedd dau o'r darnau wedyn yn ca'l eu darllen ar y nos Fawrth ganlynol ac yn y gweithdy sgwennu. Mae un noson benodol yn aros yn y co', pan gafodd Peter, dyn o Awstralia, y dasg o ddynwared Americanwr o Ohio. Mi driodd ynganu 'Ohio', a'r cyfan ddaeth allan oedd 'Ooho'.

171

Ni i gyd,
y Wrights Group.

Y peth gora oedd nad oedd ganddo ddim clem 'i fod o'n 'i ddeud o'n anghywir – jest y sŵn aflafar 'ma'n dod o'i geg a fynta'n meddwl fod y dalaith onomatopeig honno'n bodoli.

Roedd dramâu'r ŵyl yn ca'l eu perfformio ddim yn bell o La Fourmi, yn y Petit Théâtre de Montmartre. Mewn gwirionedd, tŷ rhywun oedd y Petit Théâtre de Montmartre, ond ei fod o, yn rhyfeddol, yn ca'l ei droi'n theatr fechan pan oeddan ni ei hangen. Dwi'n cofio bod yn y stafell wely i fyny'r grisiau (y green room, iff iw plis) yn newid yng nghwmni tua deg actor arall, fy mhen i yng nghesail rhyw hen Ffrancwr afiach oedd yn ogleuo fel tasa fo'n molchi yn y Seine. Roedd 'na actor arall yn gorfod newid yn y gawod, ac mi drodd hi'r dŵr 'mlaen ar ddamwain wrth geisio newid. A doedd 'na'm modd cau drws y lle chwech, felly fysa pawb yn gorfod cyhoeddi bod natur yn galw a pi-pi i gyfeiliant naw o actorion yn piso chwerthin. Pwy ddudodd fod actio yn glam?

I feddwl fod 'na gymaint o theatrau a thai opera yn y ddinas, 'mond rhyw lond llaw o weithiau fues i ynddyn nhw. Arian yn brin unwaith eto! Mi fues i unwaith hefo Anti Mori i weld sioe syrcas odidog oedd wedi ei seilio ar falŵns; creu

delweddau a sgetsys o ddim ond dau gorff, llinyn a balŵns. Mi oedd o'n anhygoel. Ond yr unig dro fues i'n gweld darn o theatr 'go iawn' oedd yn y Comédie-Française, theatr mor anhygoel o grand mi fysa'n codi cwilydd ar ein theatrau bach ni yma yng Nghymru, ac mae'n fy ngneud i'n falch fod y bloc concrit 'na, Theatr Gwynedd, wedi cau. Ac i fi, mae hynna'n ddeud mawr. (Ydi adeilad Pontio yn well, 'dwch? Trafodwch!) Mae'r Comédie-Française yn theatr hollol odidog sydd yn yr arrondissement cynta, ddim yn bell o'r Louvre.

Mi fysa mynd i'r theatr i weld unrhyw ddrama Ffrengig yn sialens i mi, ond roedd mynd i'r theatr i weld drama o'r 17eg ganrif gan Molière yn fwy o sialens byth! Ro'n i'n gwbod y byddai iaith Molière yn wahanol i'r Ffrangeg ro'n i wedi ei dysgu, ac felly mi 'nes i benderfynu ymchwilio i'r ddrama fel 'mod i'n gwbod beth yn union ro'n i'n mynd i'w weld. Ond gan 'mod i'n byw ar blaned arall, neu yn 'Lara-land' fel mae ambell

ffrind yn licio ei alw, mi 'nes i ymchwilio i'r ddrama anghywir.

Ond gan fod gen i brofiad o actio, roedd hi'n ddifyr mynd i weld drama lle do'n i'm wir yn dallt gair (na'r plot os dwi'n hollol onast). Mae'n od deud bod yr *actio* yn Ffrengig, ond mi oedd o. Tasa rhywun yn rhoi trŵp Ffrengig ochr yn ochr â thrŵp Cymreig, a deud wrth y ddau grŵp am ddeud dim byd ond 'la', mi fysach chi'n dal i fedru deud pa grŵp oedd y Ffrancwyr. Petha bach fel ystum llaw gan y merchaid; yr edrychiad 'Pfft' 'na mae'r Ffrancwyr yn ei 'neud pan maen nhw isio deud nad ydyn nhw'm yn gwbod rhwbath. Ydi hi'n wir ym myd y theatr hefyd, felly, ei bod hi'n anodd dianc rhag eich cenedligrwydd?

Dwi'n gwbod yn iawn 'mod i isio bod yn Ffrances. Pwy fasa ddim? Hanu o'r un wlad â Brigitte Bardot neu Juliette Binoche, Victor Hugo neu Voltaire. Yn Le Progrès ro'n i'n teimlo fwya fel Ffrances, am wn i. Ella am ei bod hi'n rhyw gyfrinach fach rhyngdda i a Paris. Wedi'r cwbl, doedd neb arall yn mentro i'r caffi bach yma oedd 'di gweld dyddia gwell. Fan yma o'n i'n dod, fel arfar yn

SUT I FOD YN PARISIENNE
gan Lara Catrine (ahem . . .)

- Ffeindia dy lipstig. Gwisga'r lipstig fel tasat ti 'di ca'l dy eni hefo fo.
- Paid byth â gafal mewn cwpanaid o goffi. Mynwesa glust y gwpan fel tasa chdi'n ceisio ei swyno.
- Gwna i bopeth edrych yn hawdd; o reidio dy feic i fyny allt i gerdded ar hyd strydoedd cobls mewn sodla pum modfadd. Mi fedri di 'neud unrhyw beth.
- Gwna'n siŵr dy fod di'n edrych yn ddiymdrech. Be 'di pwynt edrych fel tasa chdi 'di bod yn ymbincio am awran cyn mynd i'r gwaith pan fedri di edrych fatha tasa chdi 'di bod yn *mwynhau dy hun* am awran cyn mynd i'r gwaith.

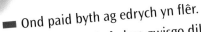 Ond paid byth ag edrych yn flêr.

■ Gwna'n siŵr dy fod yn gwisgo dillad isa sy'n cydweddu. Dim ots os 'nest ti brynu dy fra yn Agent Provocateur a dy nics yn Tesco, mae'n rhaid iddyn nhw fynd efo'i gilydd. Wedi'r cwbl, ti byth yn gwbod pryd all petha droi'n boeth.

■ Ac ar nodyn dillad isa . . . paid BYTH â gwisgo Spanx. Be tasa chdi'n ca'l damwain ar dy feic . . . dwyt ti ddim isio i'r paramedig bach orfod dy dorri di allan o wisg spandex lliw croen sy'n mynd o dy glunia i dy fwbs. Ych a fi!

■ Gwisga fra lliw arall dan ddillad gwyn . . . fel piano, mae'r noda du yna i ga'l eu chwara hefyd.

■ Oni bai dy fod di'n Esgimo, paid â gwisgo UGGS.

■ Dewisia dy ddillad fel dy ddynion. Cara nhw neu gwna'r penderfyniad i gael gwared arnyn nhw.

■ Rho sblash o ddŵr oer ar dy fronna cyn 'mynd ati'.

■ Paid byth â dangos i'r byd dy fod di'n malio . . . hyd yn oed os wyt ti'n marw tu mewn.

y glaw, gan i fi 'rioed ddod i Montmartre pan nad oedd hi'n bwrw. Yn ddi-ffael, mi fyddai'n dechra'i stido hi bob tro y mentrwn i yma, ac ella mai dyna pam mae gen i'r fath feddwl o'r lle. Mi o'n i'n gwbod mai dim ond Parisians go iawn oedd yn dod yma, ac felly, am yr awran fach wythnosol honno, yn sipian fy espresso, ro'n i'n ca'l cogio 'mod inna hefyd yn un go iawn.

AU REVOIR

Tasa gen i bunt am bob tro mae rhywun 'di gofyn i fi, 'Pam 'nest ti symud i Baris?' mi fyswn i'n filiwnydd. Ond yr ateb gonast ydi, pam lai? Doedd gen i'm byd oedd fy nal i'n ôl. Neb yn dibynnu arna i. Dim swydd. Dim byd i'w golli. Ma siŵr fod 'na atebion dyfnach, atebion dwi'm isio'u cydnabod na'u datgelu, ond 'Pam lai' ydi'r ateb mwya gonast fedra i ei roi.

Bellach, dwi ddim yn ista mewn caffi ym Mharis. Dwi mewn sied yng ngardd fy rhieni, yn ceisio cael gwared o'r lwmp yn fy ngwddw sy' yno ers rhai misoedd. Doedd gadael Paris ddim yn ddewis hawdd. Mewn gwirionedd, doedd o ddim yn ddewis. Rhoi'r gora i'r freuddwyd fohemaidd 'nes i. Taswn i wir yn fohemaidd mi fyswn i'n medru byw ym Mharis hefo het silc a chynffon ddima, ond do'n i ddim. Ym Mharis, rhyw freuddwydio fy ffordd drwy fywyd o'n i. Ca'l fflings a fflyrts a jobsys oedd ddim yn talu'n dda, heb falio rhyw lawar. Gwario pres a byw ar ffa.

Ond fyswn i fyth yn newid fy nghyfnod yno. Do, mi 'nes i sylweddoli nad oedd pawb yn rhannu'r un farn â fi am erthylu ac ewthanasia, a doedd dim rhaid i bawb gytuno efo fi fod papur toiled i fod i ddod dros dop yr holder, ond mae hynna'n iawn. 'Nes i ddysgu mwy am sut dwi'n gobeithio magu 'mhlant, a sylweddoli 'mod i'n gallu bod yn afiach yn fy niod, a bod euogrwydd a beio dy hun am betha ti 'di 'neud ddim yn werth y boen. Ges i drafod yn agored, gan wbod na fyddai'n

'We'll always have Paris.'

cymdeithas fach ni'r Cymry Cymraeg yn dod i ddarganfod fy marn am wleidyddiaeth, rhyw a chrefydd (er, ma siŵr 'mod i wedi datgan bob dim yn y llyfr yma, wrth feddwl). Mi oedd o'n fath o ddechra newydd am wn i. Mi ges i fod yn fi.

Erbyn heddiw, yn rhewi yn fy nghwt bach pren sy'n ddim llawar mwy na'r hen 'gwpwr' ym Mharis, dwi'n difaru nad ydw i yn fy mangre bach ar y seithfed llawr; i fyny ymysg y toeau cam a smog y ddinas. Dwi'n gweld isio fy ffrindia, a'r caffis, a'r ffor' Ffrengig o fyw. Y bara a'r saucisson. Y gwin a'r coffi drud a'r ffags rhad. Dwi'n colli'r reid beic wobli adra hefo ffrind ar hyd y Seine ddiwedd nos. Yn colli'r sgyrsiau ffugathronyddol a ninna'n mynd i achub y byd. Colli'r ista mewn caffis drwy'r dydd ar fy mhen fy hun. Dwi'n colli'r ystrydeb. Ond fy newis i oedd dychwelyd i Gymru.

Mi o'n i ar y ffôn hefo Julia y noson o'r blaen. Fi'n ôl yng Nghymru a hitha wedi symud i Lundain, ond y ddwy ohonon ni'n teimlo'n drist nad ydan ni'n ista'n La Palette yn yfed coffi a gwin tra bod amsar yn diflannu o'n hamgylch. Yfed a sgwrsio am ddim byd o bwys. Mi faswn i'n rhoi'r byd i gyd i ga'l y cyfnod yna'n ôl a'r cyfle i ail-fyw pob eiliad, boed ddrwg neu dda.

Mi wnes i sgwennu blog Saesneg am fy niwrnod cynta ym Mharis. Mae'n teimlo fel oes yn ôl erbyn hyn ond dwi'n cofio'r teimlada oedd gen i – teimlada cymysg, hollol gyffrous, ond mi orffennais i'r blog gyda llawer o amheuon yn fy meddwl:

So is Paris in general masked by an illusion of beauty and magic? Do we all look at the city of lights through rose-tinted glasses? Do we consider it to be the most beautiful and romantic city in the world because the Parisians tell us it is? Don't get me wrong, I'm one of those annoying Francophiles, and I really do want to adore the city, but something tells me it won't be the city I had imagined living in.

James Joyce

Dwi ddim yn Amélie, er fy mod i 'di torri 'ngwallt i geisio bod fel hi. Wnes i ddim ffeindio'r artist Ffrengig 'na oedd yn mynd i fy sgetsio fi'n noeth rhwng sesiynau o secs lloerig. Wnes i 'rioed gerdded yng nghysgod Hemingway a Joyce. Doedd 'na'm pishyn yn byw lawr y coridor i mi, 'mond cwpl ifanc oedd yn mynnu ymarfer eu llafariaid yn uchal drwy'r nos gan brofi cryfder y waliau a'r llawr, a f'atgoffa i fy mod i'n hollol sengl. Wnes i 'rioed lwyddo i reidio fy meic mewn sgert fach a chrys Breton, fy ngwallt yn berffaith, wrth gwrs, a gorffan fy siwrna heb edrych fel rhywun oedd wedi bod yn rowlio mewn tas wair. Peth peryglus ydi dychymyg byw. Dim ond unwaith ro'n i wedi bod i Baris cyn symud yno, wedi'r cwbl! Ches i ddim profi Paris fy nychymyg.

Aaa...!

Ooo...!

Dwi'm isio bod yn hollol gawslyd a deud y byswn i 'di ca'l amsar gwell petawn i wedi aros yno, achos 'na i fyth wbod sut brofiad fysa byw'r ffilm honno. Un o fy hoff ddyfyniadau i am Baris cyn i mi symud yno oedd un gan Hemingway: 'If you are lucky enough to have lived in Paris as a young man, then wherever you go for the rest of your life it stays with you, for Paris is a moveable feast.' Do'n i'm wir yn dallt pam roedd gen i gymaint o feddwl o'r dyfyniad yna, ond rŵan dwi'n ama fy mod i. Mae hud yn perthyn i Baris ond nid rhyw freuddwyd tylwyth teg ydi

Www...

hi. Mae'n deimlad hudol-
hiraethus, eitha digalon. A
dyna'r pryder mwya s'gen i:
fod Paris yn mynd i fod ar
fy meddwl i am weddill fy
oes. Mi fydd yno, yn atgof
o gyfnod na cha i fyth
mohono'n ôl, er cymaint
fyswn i'n licio hynny.

Serch hynny, mi oedd
byw ym Mharis yn sicr
yn brofiad, a'r caffis
yn rhan bwysig o'r
cyfan: ca'l rhyddid
i ista mewn caffi,
yng nghanol miloedd
o bobl, yn gwylio
cypla'n dadlau, dynion
yn syllu ar dinau
genod ifanc, merchaid
yn brysio i'w cyfarfodydd
. . . a neb yn gwbod pwy
o'n i na be o'dd fy hanas
i. Dwi'n meddwl am yr
oria wnes i eu treulio yn

myfyrio, synfyfyrio, a meddwl; ista ar y cyrion yn gwylio'r byd yn fy mhasio heibio. Roedd y Gymraes ifanc wedi diflannu rhywsut.

Mi oedd, ac mi fydd, Paris wastad yn rhyw fath o gariad i mi. Dwi wedi rhannu lot fawr efo hi; wedi rhannu cyfrinachau na ŵyr neb arall amdanyn nhw.

Ond ers i fi ddychwelyd i Gymru, dwi 'di sylweddoli fod gan bawb ei stori ei hun am Baris. Storïau am y bwytai dirgel y tu ôl i ddrysau tywyll. Storïau am ddawnsio yn y glaw ar strydoedd dirgel. Storïau am wneud ffrindia hefo artist mewn caffi yn oria mân y bora dros lasiad o absinthe. Doedd fy nghyfnod i ddim yn un gwahanol mewn gwirionedd. Mae gan bawb ei stori. Mae gan bawb ei Baris fach ei hun.

Mae gan

bawb ei

stori.

Mae

gan

bawb

ei Baris

fach ei

hun.